跟着大学游中国

杨琼 ◎ 编著

沈阳出版发行集团

沈阳出版社

图书在版编目（CIP）数据

跟着大学游中国 / 杨琼编著. -- 沈阳 : 沈阳出版
社, 2025. 5. -- ISBN 978-7-5716-5130-5

Ⅰ. G649.1

中国国家版本馆CIP数据核字第2025QZ8636号

出版发行： 沈阳出版发行集团 | 沈阳出版社

（地址：沈阳市沈河区南翰林路 10 号 邮编：110011）

网 　　址：http://www.sycbs.com

印 　　刷：三河市金兆印刷装订有限公司

幅面尺寸：170mm × 240mm

印 　　张：10

字 　　数：142 千字

出版时间：2025 年 5 月第 1 版

印刷时间：2025 年 5 月第 1 次印刷

责任编辑：王冬梅

封面设计：天下书装

责任校对：张　磊

责任监印：杨　旭

书 　　号：ISBN 978-7-5716-5130-5

定 　　价：68.00元

联系电话：024-24112447　024-62564950

E-mail：sy24112447@163.com

本书若有印装质量问题，影响阅读，请与出版社联系调换。

CONTENTS 目录

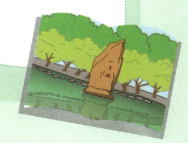

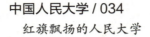

第一部分
我的大学生活

我国高等学校的基本情况

我国高等学校的分类

中国的高等学校分类，在 1952 年院系调整后，分为综合院校、理工院校（最初称为工业院校）、农业院校、林业院校、医药院校、师范院校、语言院校、财经院校、政法院校、体育院校、艺术院校、民族院校和职业技术学院等。

综合院校
（如：北京大学）

理工院校
（如：北京理工大学）

农业院校
（如：中国农业大学）

林业院校
（如：北京林业大学）

医药院校
（如：首都医科大学）

师范院校
（如：北京师范大学）

语言院校
（如：北京外国语大学）

财经院校
（如：中央财经大学）

政法院校
（如：中国政法大学）

体育院校
（如：北京体育大学）

艺术院校
（如：北京电影学院）

民族院校
（如：中央民族大学）

我国高等学校的数量

截至 2024 年 6 月 20 日，全国高等学校共计 3117 所，其中：普通高等学校 2868 所，含本科学校 1308 所、高职（专科）学校 1560 所；成人高等学校 249 所。本名单未包含港澳台地区高等学校。

我国高等学校办学层次

- A —— "985工程"建设高等学校
- B —— "211工程"建设高等学校
- C —— 省重点/合作办学
- D —— 普通本科
- E —— 独立学院（民办高校）
- F —— 专科院校/职业学院

TIPS

"双一流"建设高校

　　"双一流"建设高校即建设世界一流大学和世界一流学科。一流大学建设：高校重在一流学科基础上的学校整体建设、重点建设，全面提升人才培养水平和创新能力。一流学科建设：高校重在优势学科建设，促进特色发展。

大学小趣闻

九校联盟

　　简称 C9，是中国首个顶尖大学间的高校联盟，于 2009 年 10 月启动。联盟成员都是国家"985 工程"建设高等学校，包括北京大学、清华大学、复旦大学、上海交通大学、南京大学、浙江大学、中国科学技术大学、哈尔滨工业大学、西安交通大学。

四大建筑名校

是指清华大学、同济大学、东南大学、天津大学。这4所大学的建筑学均属国家级重点学科。

兵工七子

是指原兵器工业部直属院校的7所高校，分别是北京理工大学、南京理工大学、中北大学、长春理工大学、沈阳理工大学、西安工业大学、重庆理工大学。"兵工七子"身系国防安全，肩负军工事业人才培养的重任，为国家的发展做出了特殊的贡献。如今兵器工业部早已不复存在，但"兵工七子"的美名依然享誉国防工业领域。

八大美院

是指中央美术学院、中国美术学院、西安美术学院、四川美术学院、鲁迅美术学院、广州美术学院、湖北美术学院、天津美术学院8所专业美术院校。

四大工学院

是指教育部直属的4所重点工学院，分别是南京工学院（现东南大学）、华南工学院（现华南理工大学）、华中工学院（现华中科技大学）和大连工学院（现大连理工大学）。

我国大学的专业

大学专业是指学校根据科学分工或生产部门的分工把学业分成的门类。比如大学学的是法学专业，毕业后从事法律工作的可能性比较大；大学学的是师范专业，毕业后可能会成为一名光荣的人民教师。

我国大学专业的数量

截至 2025 年 2 月，我国普通高等学校本科专业共设置 12 个学科门类，93 个专业类，共计 845 种本科专业。12 个学科门类包括 4 个自然科学和 8 个人文和社会科学。自然科学有理学、工学、医学、农学；人文和社会科学有文学、历史学、哲学、经济学、管理学、法学、教育学、艺术学。

TIPS

强基计划

强基计划即基础学科招生改革试点工作，主要是为了选拔和培养有志于服务国家重大战略需求且综合素质优秀或基础学科拔尖的学生。聚焦高端芯片与软件、智能科技、新材料、先进制造和国家安全等关键领域以及国家人才紧缺的人文社会科学领域，重点在数学、物理、化学、生物及历史、哲学、古文字学等相关专业招生。目前，我国有 39 所高校实施强基计划招生。

我国九大基础专业学科

　　所谓基础学科，是指研究社会基本发展规律，提供人类生存与发展基本知识的学科，一般多为传统学科。目前，我国高等教育九大基础学科指的是：中国语言文学、历史学、哲学、天文学、地理学、数学、物理学、化学、生物学。

中国语言文学　　历史学　　哲学　　天文学

地理学　　数学　　物理学　　化学　　生物学

我国大学的一些特色专业

1. 古生物学专业

北京大学古生物学专业被称为"史上最孤独"的专业，曾连续六年每年只有一个学生，被称为"六代单传"。古生物学的研究对象，是保存在地层中的生物遗体和遗迹——化石以及产出这些化石的岩石。

2. 草业科学专业

会种草就可以拿学位？这听起来多少有些匪夷所思。云南农业大学草业科学本科专业于1999年开始招生。该专业毕业生能在草地管理、牧草生产与加工、草坪经营与管理等相关领域和部门，从事教学与科研、经营与管理、推广与开发、规划与设计等方面的工作。

萌芽时期　幼苗时期　生长时期　硬化时期

草生长过程的四个阶段

3. 蚕学专业

蚕学专业主要学习蚕业和生物学科等方面的基本理论和知识，接受现代蚕业生产技术、生物技术等训练，具备从事现代蚕业、生命科学研究等方面的基本能力。

蚕卵　幼蚕　蚕蛹　蚕蛾

蚕生长过程的四个阶段

4. 马业科学专业

青岛农业大学设有马业科学专业，专业方向涉及马匹生产管理、马营养与饲料、马育种和繁殖等方面。与其他专业相比，马业科学专业的学生不用每日泡在实验室，而是在和马儿亲密接触的同时便可以完成学业，想想也是个不错的专业。

5. 警犬技术专业

目前，我国很多警察学院都开设了警犬技术专业。该专业是一门为侦查破案和安全防范服务的综合性应用学科，是刑事侦查和安全防范科学的分支，在侦查、消防、边防、保卫等领域中有着广泛的用途。

6. 小龙虾专业

小龙虾专业通过单独招生考试录取，目的是培养普通专科层次的小龙虾产业技能型人才。专业方向主要包括餐饮管理、市场营销、烹调工艺与营养。别的不敢说，这个专业的烹调课肯定没人逃课。

7."电竞"专业

作为一个新兴专业，中国传媒大学、电子科技大学成都学院等多个高校开设了"电竞"相关专业。"电竞"专业的课程包括游戏数据分析、赛事策划、赛事管理、游戏叙事、游戏创作等。

学在大学

大学是每个学子心目中的"象牙塔"，每个人对大学都有着幻想与憧憬。大学里有浓厚的学习氛围、朴素的学风、健康向上的校园文化、知识渊博的大师学者，更有一群热爱学习的可爱学子。

北京航空航天大学"书院制"

北京航空航天大学实行"书院制"，即新生入学时不细分具体专业，由书院整体管理，学生入学一年后在与书院相关的学院范围内自主选择专业，两年后选择最终专业。目前，北航有士谔书院、士嘉书院、冯如书院、知行书院、传源书院、守锷书院、致真书院。

北京理工大学"开坦克"专业

坦克驾驶 1 学分，坦克拆装 2 学分……北理工有一个"开坦克"的专业——装甲车辆工程专业。上学期间，学子们要进行坦克构造拆装与驾驶实习，学习拆坦克、开坦克。这项特色实习课程已经有三十多年的历史，"开坦克"是该专业的必修课。

北京体育大学——上大学还能成世界冠军

北京体育大学堪称"世界冠军的摇篮"。2020 年东京奥运会，北体学子取得 12 枚金牌、8 枚银牌、2 枚铜牌的好成绩。北体大校园里有一条"冠军之路"，印满了 58 位世界冠军的"足迹"。

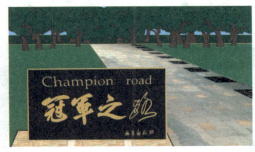

北京外国语大学——共和国外交官的摇篮

据不完全统计，北京外国语大学的毕业生中，先后出任驻外大使的有 400 多人，出任参赞的有 2000 余人，学校因此赢得了"共和国外交官摇篮"的美誉。

华中科技大学的"扫地僧"

华科大不仅学子热爱学习，校园内还有无数深藏功与名的"扫地僧"。华科大紫菘公寓有一位宿舍管理员周阿姨，白天上班，晚上读书学习，曾被时任校长李培根表扬过。校内还有一位年过五旬的保洁员，用手机打字写了约二十万字的文稿……

吃在大学

中国农业大学被誉为"京城高校第一食堂";四川大学食堂的饭菜经济实惠,性价比极高,大家一致认为:不仅真好吃,而且很便宜……大学,不仅是学习的圣地,还是吃货们的天堂。

浙江大学"刷脸付款"

浙大历来号称坐拥"亚洲最大食堂",仅是紫金港校区就有十余个食堂,一个食堂最多可同时容纳万余人进餐。浙大玉泉校区第二食堂使用无感支付技术,只需刷脸即可付款。

南京大学是吃货天堂

南京大学绝对是"吃货们"的天堂。南大光仙林校区就有九个食堂,什么麻辣烫、铁板烧、鸭血粉丝汤、酱香饼、过桥米线、瓦罐汤、羊肉汤……应有尽有。没有食堂阿姨做不到,只有你想不到。

山东大学 30 多个食堂

　　"大学食堂哪家强？山东大学必须榜上有名！"一校三地八校区的格局让山大拥有 30 多个食堂。香软的四喜丸子、酸辣可口的酸菜鱼、鲜香滑嫩的虾仁豆腐……山大味道，烙印在每一个山大学子的舌尖上。

中央民族大学老北京铜锅涮肉

中央民族大学的校园面积虽然不大，但它却有 7 个食堂。在民大，不用踏出校门一步，就可吃到正宗的老北京铜锅涮肉。是的，没搞错，这里有一个连铜锅都能给你端上来的食堂。

云南大学玫瑰宴

在美丽的彩云之南，有一所被鲜花包围的大学。每年 4 月，玫瑰花绚烂绽放，云南大学就进入了赏鲜花、吃鲜花的时节。云大有个著名的玫瑰宴：玫瑰花饼、玫瑰冰粉、玫瑰奶茶、玫瑰藕片、玫瑰脆皮香蕉、玫瑰米糕……云大的美食都藏在了玫瑰花里。

同济大排

"同济大排"被誉为"全上海最好吃的大排",还受邀上过湖南卫视《天天向上》节目。在同济大学,一个学期胖十斤不是梦。

湖南大学烧饼帅哥

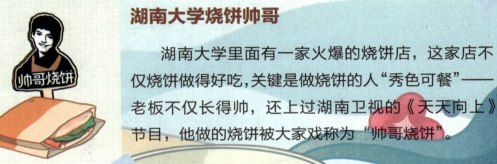

湖南大学里面有一家火爆的烧饼店,这家店不仅烧饼做得好吃,关键是做烧饼的人"秀色可餐"——老板不仅长得帅,还上过湖南卫视的《天天向上》节目,他做的烧饼被大家戏称为"帅哥烧饼"。

玩在大学

进入大学后你会发现，这里有各种各样的社团，丰富多彩的社团活动可以让你的大学生活不再了无生趣，参加社团活动不但可以充实课余生活，还可以广交朋友，拓宽自己的朋友圈。尽情地在大学里"玩"起来吧！

浙江大学的定制演唱会

浙大每年的新生开学典礼都宛若群星荟萃的演唱会，万人同场，热闹非凡。每年的浙大学生节，除了有游园活动、花车巡游，甚至还有免费的狂欢餐等。

华中科技大学的花样社团

在华中科技大学有许多社团组织：百步梯、合唱团、学生创新俱乐部、攀登协会、飞盘协会、社团联合会等，这些组织每年都会举办各具特色的校园活动。例如，攀登协会基本上每个月都会有外出徒步露营活动，非常有趣。

南开大学丰富的周末

每个周末都是南开学子最纠结的时候，每到此时，学校都有很多文化活动，是去听音乐会还是听相声，去听演奏会还是去文化沙龙，去听京剧还是去看话剧……常常让人难以取舍。

上海交通大学绿洲音乐节

上海交大虽然盛产工科生，但是她更不乏文艺细胞。绿洲音乐节是交大人自己的音乐盛会。他们自己策划，自己请乐队，自己宣传，自己主办，每届都能吸引众多校内外乐迷，影响力越来越大。

四川大学的花样体育

　　如果你喜欢运动，击剑、现代射箭、激光枪射击、防灾减灾与野外生存、防身自卫科学……你尝试过的、没尝试过的体育项目，四川大学基本都有。

武汉大学数以百计的社团活动

　　武汉大学文化底蕴深厚，人文气息浓郁，形成了轻松、自由、浪漫的氛围。武大提倡自由兼容，学校里有数以百计的社团，不论你是喜欢舞蹈、音乐，还是轮滑、武术……在这儿都能找到你志同道合的朋友。

西安交通大学的"灞河竞渡"

　　西安交通大学每年都会主办"灞河竞渡"赛艇挑战赛，西安交大的赛艇队是赫赫有名的老牌强队，自 2014 年亮相新西兰大学杯赛艇公开赛起，就是国际赛场上的常客。

中国农业大学霸气橄榄球

你要是喜欢橄榄球，就来中国农业大学吧！农大橄榄球队作为中国大陆第一支橄榄球队，多次代表国家参加国际比赛，为祖国争光。2017年，学校男子橄榄球队蝉联全国七人制大学生橄榄球锦标赛五连冠；2018年至2021年，连续4年夺得首都高等学校春季触式橄榄球比赛甲组冠军。

火辣热烈的重庆大学社团活动

运动会、建造节、百团大战、玩转川剧、方程式赛车……重庆大学的业余活动丰富得让人眼花缭乱。400多个学生社团总有一个能"射中"你的心，来重大再也不用担心自己满身才华没地方展示了。

住在大学

　　绿树成荫的校园大道，风景优美的湖光山景，舒适惬意的四人宿舍……学习累了，可以去操场打球；节假日里，可以去影院观影；想家了，可以去公共厨房为自己做一顿充满家乡味道的饭菜……住在大学，让你不想回家！

武汉大学樱花大道

　　说到武汉大学，大家首先想到的就是樱花。武大不仅樱花美，就连建筑也是别具一格、美轮美奂。住在武大，早上推开窗，不仅能呼吸到新鲜的空气，还能欣赏到美丽的景色。

浙江大学豪华宿舍

浙江大学的宿舍可以用豪华两个字来形容，不仅有独立书桌、独立卫浴，就连床铺的设计也非常讲究。用一句话来形容浙大的宿舍，就是"高端大气上档次"。

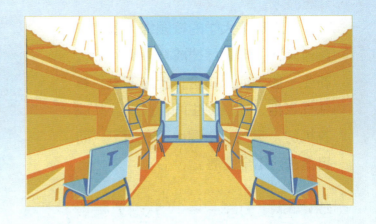

北京师范大学游泳馆价格很"美丽"

北京师范大学邱季端体育馆的设施非常齐全，而且价格也很"美丽"。游泳馆基本上全年开放，水温控制得很好，而且有专门的游泳教练指导。最重要的是，去游一次泳只需要几块钱，就连许多外校的学生都会来这里游泳。

大连理工大学现代化宿舍

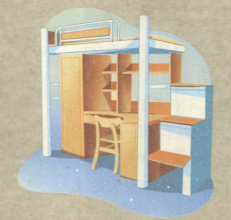

　　大连理工大学的校园绿化覆盖率超过 40%，可谓绿树成林，草坪成片。新生一般为四人宿舍，上床下桌，有独立衣柜、独立卫生间，还有公共洗衣机房，暖气、空调也不在话下，而且宿舍网络全覆盖。

华中科技大学——"1037 号森林"

　　华中科技大学主校区占地 7000 余亩，校内树木葱茏，碧草如茵，绿化覆盖率高达 72%。因此，位于武汉市洪山区珞喻路 1037 号的华科大常被学生们称作"1037 号森林"。

厦门大学面朝大海

　　厦门大学一面靠山，一面临海。在厦大，不出校门就能看到大海，因而被誉为"中国最美丽的校园"之一。真的非常羡慕在厦门大学上学的学生，除了"面朝大海"的海景房，学校其他学习和生活条件也非常好，基础设施应有尽有。

第二部分

跟着大学游中国

北京 · 深厚的历史底蕴与现代创新活力的交融

北京市作为我国的首都,以其丰富的文化底蕴、先进的教育体系和丰富的就业机会,成为对高考考生最具吸引力的城市之一。北京市是全国的文化和教育中心,也是国内高校最多的城市,拥有包括北大、清华等百年名校在内的 90 余所高校和众多科研单位。据教育部发布的《全国普通高等学校名单》,截至 2024 年 6 月 20 日,北京市共有 92 所普通高等学校。其中,本科学校 68 所,专科学校 24 所。

北京的人文精神体现为深厚的历史底蕴与现代创新活力的交融,在传承中华优秀传统文化的同时,彰显出开放包容、家国情怀与奋发进取的时代品格。

北京故宫角楼

别名
北平、燕京、蓟、幽州

所属地区
中国华北

行政区类别
直辖市

机场
北京首都国际机场、北京大兴国际机场等

地理位置
中国华北地区，华北平原北部

北京

火车站
北京站、北京东站、北京南站、北京西站、北京北站、北京朝阳站、大兴机场站、北京大兴站、清河站、北京城市副中心站、北京丰台站

著名景点
天安门广场、故宫博物院、圆明园、颐和园、八达岭长城、明十三陵、慕田峪长城、天坛公园、周口店北京人遗址、中国房山世界地质公园、恭王府、北海公园、古北水镇、奥林匹克公园、密云水库、三里屯、大运河森林公园等

北京美食
北京烤鸭、卤煮火烧、北京炒肝、老北京炸酱面、北京豆汁儿、爆肚、老北京驴打滚、面茶、艾窝窝、豌豆黄、涮羊肉、焦圈、羊蝎子、冰糖葫芦、门钉肉饼等

北京大学 | 思想自由、兼容并包的顶尖学府

　　北京大学创办于 1898 年，初名京师大学堂。创办之初，她既是我国近现代第一所国立综合性大学，也是当时我国最高教育行政机关。北京大学是新文化运动的中心和五四运动的策源地，是最早在中国传播马克思主义和科学民主思想的发祥地，是中国共产党最初的重要活动基地。北京大学的校本部被称为"燕园"，在明清时期是著名的皇家园林。

学校概况

- ✎ 学校简称：北大
- 📅 建校时间：1898 年
- 🏠 主校地址：北京市海淀区颐和园路 5 号
- 🎓 学校类别：综合性大学
- 🎖 办学层次："211 工程"大学、"985 工程"大学、"双一流"建设高校

学校文化

北京大学校徽 *

北京大学校徽是在鲁迅设计的校徽图案基础上丰富发展而来的。校徽中心"北大"二字由三个人形图案组成，上下排列、左右对称；外环上方是大写"PEKING UNIVERSITY"，下方是"1898"字样。

* 关于校徽的称谓，有的学校在章程中称为"校徽"，有的在章程中称为"校标"，有的在章程中称为"徽志"，本书统一称为校徽。

北京大学精神

　　北大精神博大精深，爱国、进步、民主、科学是其核心内涵，勤奋、严谨、求实、创新的优良学风和思想自由、兼容并包的学术精神是其重要内容，体现了百余年来北大人立学、办学、求学、治学的价值追求。

部分重点学科 *

哲学 A⁺	化学 A⁺	应用经济学 A⁺
数学 A⁺	政治学 A⁺	社会学 A⁺
物理学 A⁺	心理学 A⁺	大气科学 A⁺
考古学 A⁺	世界史 A⁺	计算机科学与技术 A⁺

＊依据教育部第四轮全国普通高等学校学科评估结果排名。（以下同）

未名湖

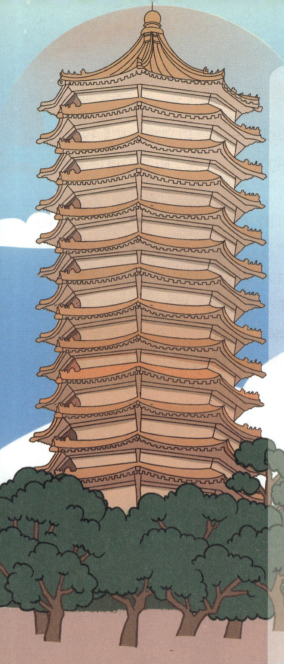

学校轶事

民国时期，在"思想自由、兼容并包"的北京大学有"五公开"，即课堂公开、图书馆公开、浴室公开、运动场地公开、食堂公开。于是，在北京大学校园就有了这样一群人，他们没有北京大学的校服和证件，却能跑到北京大学的教室里一本正经地听课，他们就是北京大学旁听生。周建人、沈从文、杨沫、李苦禅、冯雪峰、丁玲、金克木等都曾经做过北京大学的旁听生。沈从文是湘西人，只有小学文化，当过一段时期的兵。21岁时，沈从文满怀憧憬地报考燕京大学，却以零分落榜。无奈之下，沈从文只好来到北京大学当了一名旁听生，正是这段旁听的经历成就了沈从文。后来，沈从文不仅在青岛大学、西南联合大学、北京大学等高校任教，还在晚年写出了《中国古代服饰研究》一书，填补了中国物质文化史上的一页空白。

清华大学 | 中国顶尖综合性研究型高等学府

　　在我国，很少有一座大学能像清华大学一样，以皇家园林为校址。清华大学坐落于北京西北部风景秀丽的清华园，清华园的前身是清代的"熙春园"。

　　清华大学的前身清华学堂始建于 1911 年，1912 年更名为清华学校，1928 年更名为国立清华大学。校名"清华"源于校址"清华园"地名，是晚清政府设立的留美预备学校。截至 2025 年 2 月，清华大学共设 32 个学院、54 个系、12 个书院，已成为一所设有理学、工学、文学、艺术学、历史学、哲学、经济学、管理学、法学、教育学、医学和交叉学科等 12 个学科门类的综合性、研究型、开放式大学。清华大学被誉为"红色工程师的摇篮"。

学校概况

✏️ 学校简称：清华

📋 建校时间：1911 年

🏫 主校地址：北京市海淀区双清路 30 号

🎓 学校类别：综合性大学

🏅 办学层次："211 工程"大学、"985 工程"大学、"双一流"建设高校

学校文化

清华大学校徽

　　清华大学校徽为三个同心圆构成的圆，外环为中文校名（繁体）、英文校名和建校时间，中环为校训字样，中心为五角星。清华大学校徽不仅代表着清华人的身份，更承载着清华大学"自强不息、厚德载物"的精神，承载着清华人的使命与荣光。

清华大学校训

    1914 年 11 月,梁启超到清华大学演讲,他借用《周易》中"天行健,君子以自强不息""地势坤,君子以厚德载物"来激励学子。后来,"自强不息、厚德载物"便成了清华大学的校训。

自 强 不 息
厚 德 载 物

部分重点学科

马克思主义理论 A⁺	化学 A⁺	生物学 A⁺
力学 A⁺	机械工程 A⁺	仪器科学与技术 A⁺
材料科学与工程 A⁺	动力工程及工程热物理 A⁺	电气工程 A⁺
控制科学与工程 A⁺	计算机科学与技术 A⁺	建筑学 A⁺
环境科学与工程 A⁺	工商管理 A⁺	核科学与技术 A⁺
水利工程 A⁺	城乡规划学 A⁺	管理科学与工程 A⁺

校园风光

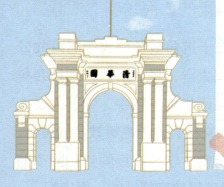

清华大学二校门

清华大学二校门始建于1909年，是清华园内最具代表性的标志性建筑之一。二校门为一座古典优雅的青砖白柱三拱"牌坊"式建筑，门楣上书刻有清末大学士那桐的手迹"清华园"三个大字。

清华学堂

1909年，清政府在北京设立游美学务处，负责直接选派学生留美。1911年，游美学务处和筹建中的游美肄业馆迁入清华园，将肄业馆定名为"清华学堂"，后改称"清华学校"。清华学堂带有浓郁的德国古典风格，那桐为之手书匾额。

水木清华

"水木清华"是清华园内的胜景之一，常被与颐和园中的谐趣园相比，被称为清华园的"园中之园"。因其幽雅的环境，水木清华常被清华学子选为读书、学习和小憩之地。

中国人民大学 | 红旗飘扬的人民大学

　　中国人民大学的前身是 1937 年诞生于抗日战争烽火中的陕北公学，是中国共产党创办的第一所新型正规大学，是一所以人文社会科学为主的综合性研究型全国重点大学。在逐步地发展中，中国人民大学形成了"人民共和国建设者"的摇篮、人文社会科学高等教育的重镇、马克思主义教学与研究的高地三大办学特色，学校始终同党和国家同呼吸、共命运。被誉为我国人文社会科学高等教育领域的一面旗帜。

学校概况

- ✏️ 学校简称：人大
- 📅 建校时间：1937 年
- 🏫 主校地址：北京市海淀区中关村大街 59 号
- 🏛️ 学校类别：综合性大学
- 🎖️ 办学层次："211 工程"大学、"985 工程"大学、"双一流"建设高校

学校文化

中国人民大学校徽

中国人民大学校徽以三个并列的篆书"人"字图形为基础，校徽标志中的三个"人"字分别寓意"人民""人本""人文"，即"人民的大学""以人为本的精神"和"以人文社会科学为主的特色"，隐含着"三人行，必有我师焉""三人成众""携手劳作""同向并行"等意，象征学校全体师生实事求是、注重实践、团结拼搏、艰苦奋斗的优良传统和兼容并蓄、开放进取、与时俱进的精神风貌。

中国人民大学校训

　　中国人民大学的校训是"实事求是"。"实事求是"一词出自《汉书·河间献王传》。"实事求是"是中国共产党的思想路线和优良传统，历来为我们党所重视。"实事求是"的校训，既是中国人民大学走过革命岁月，始终奋进在时代前列，与党和国家同呼吸、共命运的真实写照，也是学校在实现中华民族伟大复兴的时代洪流中踔厉奋发、勇毅前进的生动缩影。

部分重点学科

理论经济学 A^+	法学 A^+	应用经济学 A^+
社会学 A^+	马克思主义理论 A^+	新闻传播学 A^+
统计学 A^+	工商管理 A^+	公共管理 A^+

中国人民大学校徽的故事

中国人民大学校徽最早可不是现在这个样子，有"小红"和"小蓝"两个版本，而且两种版本的校徽常混杂使用。一个是以繁复为主的"圆形宝塔红星图案"，另一个是以简约为主的"红蓝双色人字图案"。2002年，中国人民大学校友章叶青团队设计了新版校徽——圆形篆书人字图案，结束了之前两种版本的校徽纷争。

章叶青团队的设计灵感来源于一个叫"天地人大"的网站。俗话说：天大地大，人最大。中国人民大学最重要的就是这个"人"字，所以，章叶青团队便围绕"人"字开始设计，他们以"人大、人本、人文""三人行必有我师""三人成众"等思路创作了三个小人排排站的校徽图案，并且使用了字形优美柔和的篆书。新校徽的颜色选自故宫宫墙的深红色，彰显了中国特色。章叶青团队把这一颜色确定为校徽的专用色，并称之为"人大红"。

北京航空航天大学 ｜ 实现你空天报国的梦想

北京航空航天大学是新中国第一所航空航天高等学府，是一所肩负神圣使命、承载宏伟愿景的大学。北京航空航天大学创建于 1952 年，由清华大学航空学院、北京工业学院航空系、四川大学航空系合并成立。北京航空航天大学现有工学、理学、管理学、文学、法学、经济学、哲学、教育学、医学等学科门类，形成了航空航天与信息技术两大优势学科群，国防科技主干学科稳居国内一流水平。

学校概况

✏️ 学校简称：北航

📅 建校时间：1952 年

🏠 主校址：北京市海淀区学院路 37 号

🏫 学校类别：理工类大学

🎖️ 办学层次："211 工程"大学、"985 工程"大学、"双一流"建设高校

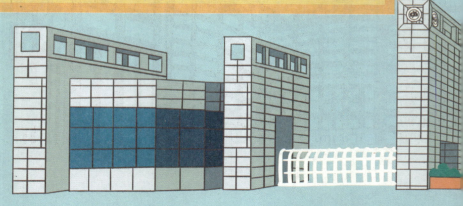

学校文化

北京航空航天大学校徽

校徽的外部为内外两层的同心圆形，象征宇宙的无限深远、时空的参差多态。校徽的核心图案是昂扬向上的双箭头（飞行器）、展开的书卷、椭圆的卫星轨道以及星座闪烁的太空，共同组成了北京航空航天大学的精神文化，突出了北京航空航天大学的航空航天高新技术特色。

北京航空航天大学校训

北京航空航天大学校训为"德才兼备、知行合一"。"校训树"为青铜材质铸造，以一棵树的造型寓意"十年树木，百年树人"的人才培养理念，树根部位铸有校训"德才兼备，知行合一"，树枝向上交织生长的态势隐喻北京航空航天大学多学科的交叉和融合。

部分重点学科

仪器科学与技术 A⁺　　材料科学与工程 A⁺　　航空宇航科学与技术 A⁺

软件工程 A⁺　　控制科学与工程 A　　计算机科学与技术 A

管理科学与工程 A　　外国语言文学 A⁻　　力学 A⁻

机械工程 A⁻　　信息与通信工程 A⁻　　交通运输工程 A⁻

学校轶事

1. 如果你怀有空天报国的志向，那就来北京航空航天大学吧。北京航空航天大学有足够的能力让你最大限度地接近你的理想。歼-15舰载机总指挥罗阳、C919大飞机总设计师吴光辉等都是北京航空航天大学校友。"神州""天宫""嫦娥"等系列成就的背后，都有北京航空航天大学人的身影。

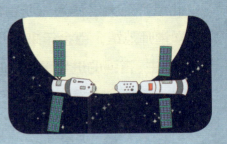

2. 北京航空航天大学有个"远航计划"，每年都会提供大量的校际学生交流、交换机会。加拿大、法国、德国、日本等国家都有北京航空航天大学学子在求学。学校中法工程师学院的学生几乎都有出国交换或取得双学位的机会，交换时间从半年到两年不等，这些项目均免除学费而且学校还提供各种奖学金。

3. 北京航空航天大学的宿舍、食堂、教学楼基本都是以编号命名，各个院系也都是用一系、二系、三系这样的顺序编号来命名。这虽然让人感觉有些单调，但反映了北京航空航天大学的内在气质——干脆、直接、沉稳，一心只专注自己的事业。

北京师范大学 | 我国师范类院校的 NO.1

北京师范大学作为一所百年师范名校，前身是 1902 年创立的京师大学堂师范馆。百余年来，北京师范大学始终同中华民族争取独立、自由、民主、富强的进步事业同呼吸、共命运。以李大钊、鲁迅、梁启超、钱玄同、启功等为代表，一大批名师先贤在这里弘文励教。学校秉承"爱国进步、诚信质朴、求真创新、为人师表"的优良传统和"学为人师，行为世范"的校训精神，形成了"治学修身，兼济天下"的育人理念。

截至 2025 年 4 月，北京师范大学由北京、珠海两个校区（含五个校园）组成。学校设 3 个学部、28 个学院、2 个系、9 个研究院（中心）、5 个书院。有本科专业 77 个，是一所以教师教育、教育科学和文理基础学科为主要特色的著名学府。

学校概况

✏️ 学校简称：北师大

📅 建校时间：1902 年

🏠 主校址：北京市新街口外大街 19 号

💼 学校类别：综合性大学

🏅 办学层次："211 工程"大学、"985 工程"大学、"双一流"建设高校

学校文化

北京师范大学校徽

北京师范大学校徽标志物为木铎，核心图案为象征中国教育教化传统的"木铎金声"。"木铎"的历史悠久，是灿烂中华文明的一个象征。在几千年的历史长河中，木铎的形制、纹饰、功能多有变化，经过不断的文化诠释和意义转化，它寓教师与教育、文化与教化、天道与师道等多重意味于一身，成为一个有着丰富内涵和具体形制的文化意象。"木铎金声"作为北师大精神的具象化表达，集中体现了北师大的历史地位、优良传统和办学特色，成为北京师范大学的象征。

北京师范大学校训

北京师范大学校训"学为人师，行为世范"经启功先生手书勒碑以来，现已成为最具有北师大标识度的"金字招牌"。"学为人师，行为世范"，即"所学要为世人之师，所行应为世人之范"。"学"指每位师、生应具有的学问、知识和技能。学为人师，就是要使"学"的人能成为后学的师表。"行"指每位师、生应具有的品行。行为世范，就是方方面面、时时刻刻都光明正大，能够成为社会的模范。

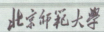

北京师范大学校名

1950 年 8 月 30 日，北京师范大学打算改换校徽。时任校长林砺儒给毛泽东主席写信，请求毛主席给北京师范大学题写校名，并随信附上宣纸一张。不久，北京师范大学就收到了毛主席的题字。毛主席在宣纸上写了三次校名，并在其中一行字后画了一个圆圈，写着"一般用"，也就是说，毛主席满意的是画圆圈的这一行字。

部分重点学科

教育学 A⁺	心理学 A⁺	中国语言文学 A⁺
中国史 A⁺	地理学 A⁺	戏剧与影视学 A⁺
数学 A	环境科学与工程 A	哲学 A⁻
理论经济学 A⁻	马克思主义理论 A⁻	外国语言文学 A⁻
生态学 A⁻	统计学 A⁻	公共管理 A⁻

学校轶事

　　北京师范大学邱季端体育馆的设施非常齐全，而且价格也很"美丽"。就拿游泳馆来说，基本上全年开放，水温也控制得很好，而且有专门的游泳教练指导，最重要的是价格亲民，游泳每次只需要几块钱。

"木铎金声"建校百年纪念碑

　　木铎是北京师范大学的校徽标志物，"木铎金声一百年"纪念碑矗立在京师广场上，纪念碑高12米，用紫铜精心打造，正面的"师大"两字传为钱玄同先生所书，背面"木铎金声一百年"为北师大著名教授启功先生所写。以"木铎金声"为艺术造型的建校百年纪念碑，寓意北师大开中国高等师范教育之先河，是北师大为中国教育做出不朽功绩的象征。

上海

多元交融的海派文化底蕴与锐意进取的创新品格

　　上海市，简称"沪"或"申"，是国家中心城市之一，同时是中国的经济、金融、贸易、航运中心。它位于长江入海口，隔东海与日本九州岛相望，南部濒临杭州湾，北部和西部与江苏省和浙江省接壤。上海以其深厚的历史文化底蕴和众多历史古迹著名，体现了江南传统的吴越文化和西方传入的工业文化的交融，形成了独特的海派文化。据教育部发布的《全国普通高等学校名单》，截至 2024 年 6 月 20 日，上海共有普通高等学校 69 所。其中，本科学校 41 所，专科学校 28 所。

　　上海的人文精神体现为开放包容的国际化视野、多元交融的海派文化底蕴与锐意进取的创新品格，在商业文明与市井烟火中孕育出精致务实、兼容并蓄的城市气质。

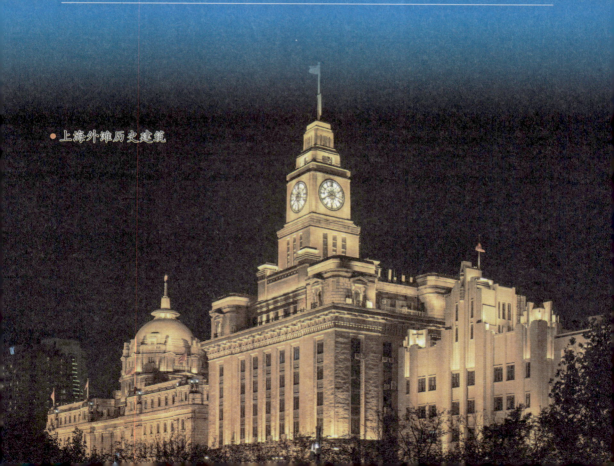

上海外滩历史建筑

上海

别名
申城、魔都、大上海、上海滩、东方巴黎

所属地区
中国华东

行政区类别
直辖市

机场
上海浦东国际机场、上海虹桥国际机场

地理位置
长江入海口南岸

火车站
上海站、上海南站、上海虹桥站、上海西站等

著名景点
外滩、上海迪士尼乐园、豫园、陆家嘴、南京路步行街、东方明珠、佘山国家森林公园、淀山湖、奉贤碧海金沙海滩、上海野生动物园、上海植物园、上海世纪公园、滴水湖、鲁迅纪念馆、中共一大会址、蔡元培故居、方塔园等

上海美食
生煎、小笼包、锅贴、烧卖、鲜奶小方、红肠、八宝饭、排骨年糕、蟹壳黄、白斩鸡、油墩子、糟卤、蟹粉汤包、糖醋小排、南翔小笼馒头、酱鸭等

上海交通大学 | 东方麻省理工学院

　　上海交通大学的前身是 1896 年在上海创办的南洋公学。多年来，上海交通大学在我国近现代发展史上创造了多个"第一"：中国最早的内燃机、最早的电机、最早的中文打字机等；新中国第一艘核潜艇、第一艘气垫船、自主设计的第一代战斗机、第一枚运载火箭、第一颗人造卫星……

　　截至 2025 年 1 月，上海交通大学共有 34 个学院 / 直属系，现有本科专业 75 个，涵盖经济学、法学、文学、理学、工学、农学、医学、管理学和艺术等 9 个学科门类，是一所国内一流、国际知名的大学。

学校概况

✏️ 学校简称：上海交大

📅 建校时间：1896 年

🏠 主校址：上海市东川路 800 号

🏫 学校类别：综合性大学

✅ 办学层次："211 工程"大学、"985 工程"大学、"双一流"建设高校

校园文化

上海交通大学校徽

　　上海交通大学校徽由核心图案、建校时间与中英文校名组合而成。核心图案有铁砧、铁锤、齿轮、链条，砧上有中西书籍若干册，错落放置。外圈上半部分为中文校名，"交通大学"四字是20世纪30年代校徽中所使用的篆体字样；下半部分为"上海交通大学"的英文校名；砧座上有"1896"字样；砧外为齿轮，内部为一船舶形状，皆寓工程与交通之意。

上海交通大学校训

　　"源源"是上海交通大学青年志愿者的吉祥物，诞生于 2009 年，其名字来源于上海交通大学校训"饮水思源，爱国荣校"。"源源"凭借一颗水滴的可爱造型深受上海交通大学师生的喜爱。

部分重点学科

生物学 A$^+$	机械工程 A$^+$	船舶与海洋工程 A$^+$
临床医学 A$^+$	工商管理 A$^+$	外国语言文学 A
数学 A	物理学 A	材料科学与工程 A
动力工程及工程热物理 A	控制科学与工程 A	信息与通信工程 A
计算机科学与技术 A	生物医学工程 A	管理科学与工程 A

校园风光

"饮水思源" 纪念碑

　　"饮水思源"纪念碑建于 1933 年，纪念碑为一水泥石磴，用大理石贴面，正面刻有"饮水思源"四字，下刻"民十九级建赠"，背后刻有该级全体同学的姓名，顶上竖有一立体校徽图案。

交大博物馆

　　上海交通大学自 1996 年百年校庆之际创建交通大学校史博物馆以来，已先后建成了程及美术馆、董浩云航运博物馆、钱学森图书馆、李政道图书馆等专题博物馆和人物纪念馆。这些博物馆和纪念馆在宣传交大历史文化、传承交大文脉、展示办学成就、弘扬社会主义核心价值观等方面开展了大量工作，为巩固和提升学校文化软实力做出了不可或缺的贡献。

复旦大学 | 中国人自主创办的第一所高等院校

复旦大学创始于 1905 年,校名取自《尚书大传》之"日月光华,旦复旦兮",原名复旦公学,1917 年定名为复旦大学,是中国人自主创办的第一所高等院校,也是一所世界知名、国内顶尖的综合性研究型大学。

截至 2023 年 10 月,学校设有本科专业 80 个,涵盖哲学、经济学、法学、教育学、文学、历史学、理学、工学、医学、管理学等学科门类。复旦大学共有邯郸、枫林、张江、江湾 4 个校区。

学校概况

✏️ 学校简称：复旦

📅 建校时间：1905 年

🏠 主校址：上海市杨浦区邯郸路 220 号

🏫 学校类别：综合性大学

✅ 办学层次："211 工程"大学、"985 工程"大学、"双一流"建设高校

学校文化

复旦大学校徽

复旦大学校徽为正圆形，"复旦"篆书居中，外环分别为英文名和建校时间。

复旦大学校训

复旦大学的校训是"博学而笃志，切问而近思"。校训出自《论语·子张》，子夏曰："博学而笃志，切问而近思，仁在其中矣。"

博學而篤志
切问而近思

部分重点学科

哲学 A+	理论经济学 A+	政治学 A+
中国史 A+	数学 A+	马克思主义理论 A
中国语言文学 A	新闻传播学 A	物理学 A
化学 A	基础医学 A	临床医学 A
工商管理 A		

学校轶事

　　陈望道是我国著名的教育家、语言学家，是新中国成立后复旦大学的首任校长，是《共产党宣言》中文全译本首译者。为了翻译好《共产党宣言》，1920年，陈望道携带此书英译本和日译本秘密回到家乡浙江省义乌市分水塘村，这里条件异常艰苦。一天，陈望道的母亲特意为儿子包了粽子改善伙食，并叮嘱他吃粽子时记得蘸红糖水。过了一会儿，母亲在门外问："粽子吃了吗？"他答道："吃了吃了，可甜了。"母亲不放心，推门一看，结果发现儿子正奋笔疾书，嘴上全是墨水，手边的红糖水却一口未动。原来，陈望道翻译时聚精会神，竟错把墨水当作红糖水，吃完也浑然不觉。经过两个多月的呕心沥血，近两万字的《共产党宣言》中文版终于翻译完成。

复旦大学老校门

　　老校门位于复旦大学邯郸校区燕园西侧。为纪念建校一百周年，老校门在原址重建，供观瞻和纪念。老校门是复旦大学历史的见证。

同济大学 ｜ 做一个既仰望星空又脚踏实地的人

　　同济大学创建于 1907 年。作为历史悠久、享有盛誉的中国著名高等学府,同济大学是招生标准最严格的大学之一。因此,这里的学子脚踏实地,既仰望星空,又心怀天下。

　　截至 2024 年 12 月,同济大学有 73 个本科专业、29 个专业学院及 11 家附属医院。学校设有工学、理学、医学、管理学、经济学、哲学、文学、法学、教育学等学科门类。学校拥有四平路、嘉定、沪西、沪北 4 个主要校区。

学校概况

✏️ 学校简称：同济

📅 建校时间：1907 年

🏠 主校址：上海市杨浦区四平路 1239 号

🎓 学校类别：综合性大学

🏅 办学层次："211 工程"大学、"985 工程"大学、"双一流"建设高校

学校文化

同济大学校徽

同济大学校徽中的数字"1907"表明建校年份；前进的龙舟，象征历史沿革的进程；三人划龙舟，表示三人成众，同舟共济，向着目标奋力拼搏。整个校徽传达出的精神是：同心砥砺，同窗求索，为振兴中华而读书；济愚扶弱，济世兴邦，为富国强民而育人。

同济大学校训

同济大学的校训是"同舟共济"。

部分重点学科

土木工程 A⁺	环境科学与工程 A⁺	城乡规划学 A⁺
管理科学与工程 A⁺	设计学 A	数学 A⁻
机械工程 A⁻	计算机科学与技术 A⁻	建筑学 A⁻
交通运输工程 A⁻	风景园林学 A⁻	软件工程 A⁻

学校轶事

"同济大排"被誉为全上海最好吃的大排之一，还受邀登上过湖南卫视。同济大学四平路校区有西苑、南苑、北苑、半亩园等食堂。无论半亩园的冒菜、思蜜客的泡芙，还是西苑的烧烤、北苑的叉烧、西北的砂锅……都足以让人流连忘返。

校园风光

国立柱

国立柱位于同济大学门口草坪正中央。国立柱一共有两根，分别刻有"继往""开来"。国立柱出自苏州明末清初的石木牌楼，1933年被移至同济大学。抗日战争期间，国立柱曾遭日本侵略军轰炸。2000年，国立柱在校园整治中被挖出，重新装顶，立于此处。

天津．

务实稳健的工商传统与敢为人先的创新胆识

　　天津市是我国直辖市之一，位于环渤海经济圈的核心，是我国北方最大的沿海开放城市之一。天津市历史悠久，文化底蕴深厚，是中华文明的重要发祥地之一。天津市具有发达的工业基础和完善的现代服务业体系，也是我国北方地区的教育、文化和科技中心之一。据教育部发布的《全国普通高等学校名单》，截至 2024 年 6 月 20 日，天津市共有 56 所普通高等院校。其中，本科学校 30 所，专科学校 26 所。

　　天津的人文精神植根于中西合璧的历史积淀，以市井烟火中的幽默豁达、开放包容的码头文化为底色，兼具务实稳健的工商传统与敢为人先的创新胆识。

天津世纪钟

天津

别名
津、沽

所属地区
中国华北

行政区类别
直辖市，国家中心城市

机场
天津滨海国际机场

地理位置
环渤海海湾中心

火车站
天津站、天津西站、天津南站、天津北站、滨海站、于家堡站、塘沽站、静海站、杨柳青站、蓟州站、宝坻站

著名景点
五大道、天津之眼、鼓楼、盘山、古文化街、大悲禅院、天津文庙、挂甲寺、西开天主教堂、望海楼教堂、七里海国家湿地公园、天津犹太会堂、广东会馆、津湾广场、天津热带植物观光园、天津博物馆、天津奥林匹克体育中心、天塔湖风景区等

天津美食
狗不理包子、耳朵眼炸糕、十八街麻花、熟梨糕、老翟药糖、张家水铺、恩泽颐园、梅江菜馆、宸记烤肉、天津茶汤、煎饼果子、锅巴菜、罾蹦鲤鱼、八大碗、爆三样、独面筋等

南开大学 | 开国总理周恩来的母校

  南开大学是一所文理并重且具有深厚历史文化底蕴的高校，同时也是国家重点建设的综合性、研究型大学。百年来，南开大学桃李满天下，创造了无数辉煌。

  南开大学现有学院 28 个，学科门类涵盖文学、历史、哲学、经济学、管理学、法学、理学、工学、农学、医学等，形成了文理并重、基础宽厚、突出应用与创新的办学特色。南开大学有八里台、津南、泰达 3 个校区，构成了南开大学"一校三区"的办学格局。

学校概况

✏️ 学校简称：南开

📅 建校时间：1919 年

🏠 主校址：天津市南开区卫津路 94 号

👕 学校类别：综合性大学

🎖️ 办学层次："211 工程"大学、"985 工程"大学、"双一流"建设高校

南开文化

南开大学校徽

南开大学校徽的核心图案为八角形，八个角皆为直角，分别指向东、西、南、北、东南、东北、西南、西北 8 个方向，一是体现"方方正正做人"之意；二是体现南开人"面向四面八方，胸怀博大，广纳新知，锐意进取"之精神。八角星形方圆互动，融合东西，体现了南开大学"智圆行方"的入世哲学、"追求卓越"的立世哲学和"允公允能"的济世哲学。"1919"表明南开大学的创建时间。

南开大学校训

南开大学的校训是"允公允能，日新月异"。1934 年，校长张伯苓化《诗经·鲁颂》中"允文允武"为"允公允能"作为南开校训。"允"为"既、又"的意思。"允公允能"意即"既有公德，又有能力"，以培养学生"爱国爱群之公德，与服务社会之能力"。"日新月异"语本《礼记·大学》："汤之盘铭曰：'苟日新，日日新，又日新。'"意为与时俱进，每天每月都要有所创新和发展。

部分重点学科

理论经济学 A	数学 A	化学 A
统计学 A	工商管理 A	应用经济学 A⁻
政治学 A⁻	马克思主义理论 A⁻	中国语言文学 A⁻
世界史 A⁻	中国史 A⁻	物理学 A⁻
生物学 A⁻	环境科学与工程 A⁻	哲学 B⁺
法学 B⁺	社会学 B⁺	外国语言文学 B⁺

学校轶事

共享厨房

　　南开大学新校区宿舍里设有"共享厨房"，微波炉、冰箱、电磁炉等厨具一应俱全。同学们过生日时，大家可以一展厨艺，一起动手，做一顿丰盛的美味佳肴相互庆祝；深夜从自习室回来，饿了可以自己煮个面。

天津大学 | 中国第一所现代大学

　　"花堤霭霭，北运滔滔，巍巍学府北洋高。"在美丽的渤海之滨，卫津河畔，有一座大学静静地立在这里。她很特别，以理工科闻名于世，培养了无数世界科技前沿的大家；她很低调，见过她的人都说她的实力远远大于她的名气，但她却并不在意，始终坚守兴学强国的初心。有人喜欢她，因她百廿余年的历史积淀；有人钟爱她，因她底蕴深厚的人文气息；有人迷恋她，因她优美如画的校园风光。她就是天津大学。

　　天津大学前身为北洋大学堂，始建于1895年，是中国第一所现代大学，开中国近代高等教育之先河。学校坚持"强工、厚理、振文、兴医"的发展理念，形成了工科优势明显、理工结合，经济学、管理学、文学、法学、医学、教育学、艺术学等多学科协调发展的综合学科布局。截至2024年12月，天津大学设有卫津路、北洋园和滨海工业研究院共3个校区。

学校概况

✏️ 学校简称：天大

📅 建校时间：1895 年

🏠 主校址：天津市南开区卫津路 92 号

🏫 学校类别：综合性大学

🎖️ 办学层次："211 工程"大学、"985 工程"大学、"双一流"建设高校

学校文化

天津大学校徽

天津大学校徽为"北洋蓝"色，外为圆形，中间为盾形主体，主体上部为篆书"北洋"，底部为数字"1895"，盾形外侧为"TIANJIN UNIVERSITY (PEIYANG UNIVERSITY)"和"天津大学"均匀排列。

天津大学校训

天津大学的校训是"实事求是"。学校弘扬严谨治学的校风，秉承爱国奉献的传统。

実事求是

部分重点学科

化学工程与技术 A⁺	机械工程 A	光学工程 A
仪器科学与技术 A	管理科学与工程 A	力学 A⁻
材料科学与工程 A⁻	动力工程及工程热物理 A⁻	建筑学 A⁻
土木工程 A⁻	水利工程 A⁻	环境科学与工程 A⁻
城乡规划学 A⁻	软件工程 A⁻	

学校轶事

天津大学星

2018年国际天文学联合会小行星命名委员会发布公告，编号为8917号的小行星被永久命名为"天津大学星"。从此之后，天津大学不仅仅是一所学校的名字，还是一颗小行星的名字。

校园风光

天津大学东门

天津大学东门是为纪念天津大学建校一百周年而建，两侧的多层台阶配合主体建筑的"金字塔"，预示着只有不断努力攀登，才能抵达科学的高峰。校门两面均在高处镌刻着天津大学校名、校徽，时刻提醒学子要胸怀天大的志向，牢记天大的责任，成就天大的事业。

北洋纪念亭

北洋纪念亭建造于1995年。北洋纪念亭简洁古朴，通体由花岗岩砌合而成。团龙图案和"北洋大学堂1895"几个大字雕刻在亭子上方，令人肃然起敬。

哈尔滨.

铁轨与冰雕构筑的北国智慧

    哈尔滨市，黑龙江省省会，别称冰城，具有浓厚的历史文化底蕴和独特的欧式建筑风格。哈尔滨市拥有丰富的自然资源，如煤炭、石油、天然气等，是国家重要的能源基地。同时，哈尔滨市是东北地区北部的商贸、科技、文化、金融和交通中心，享有"天鹅项下的珍珠"的美誉。哈尔滨市的美食也是其文化的重要组成部分，如红肠、糖葫芦等，都是当地人日常生活必不可缺的。

    哈尔滨的人文精神植根于北国冰城的冰雪风韵与中东铁路激荡的欧陆风情，在移民交融的多元底色与老工业基地的奋斗脊梁中，淬炼出豪放兼容、浪漫坚韧的冰雪性格，凝成冰火交织、笑傲风霜的北国气魄。

哈尔滨中央大街

别名
冰城、东方小巴黎、东方莫斯科

所属地区
中国东北黑龙江省

行政区类别
副省级城市，省会城市

机场
哈尔滨太平国际机场

地理位置
黑龙江省中南部

哈尔滨

火车站
哈尔滨站、哈尔滨西站、哈尔滨北站、哈尔滨东站等

著名景点
太阳岛、中央大街、果戈里大街、亚布力滑雪场、哈尔滨极地馆、防洪纪念塔、文庙、极乐寺、圣·索菲亚教堂、萧红故居、苏联红军烈士纪念碑、东北林园、原始森林、哈尔滨冰雪大世界等

哈尔滨美食
哈尔滨红肠、哈尔滨干肠、大列巴、哈尔滨熏鸡、鸡西冷面、齐齐哈尔烧烤、地三鲜、熘双段、得莫利炖鱼、小鸡炖蘑菇、杀猪菜、酥黄菜、铁锅炖大鹅、渍菜粉、鳇鱼烧土豆、烤奶汁鳜鱼、罐焖羊肉、麻酱大拉皮等

哈尔滨索菲亚大教堂

哈尔滨工业大学 | 工程师的摇篮

哈尔滨工业大学是我国以工业建设为核心的高等院校。学校始建于 1920 年，1951 年被确定为全国学习国外高等教育办学模式的两所样板大学之一，1954 年进入国家首批重点建设的 6 所高校行列，被誉为"工程师的摇篮"。哈尔滨工业大学坚持扬工强理重交叉，形成了较为完善的学科体系，涵盖了理学、工学、管理学、文学、经济学、法学、艺术学等多个学科门类。目前学校设有哈尔滨、威海、深圳 3 个校区。

学校概况

✏️ 学校简称：哈工大

📖 建校时间：1920 年

🏠 主校址：黑龙江省哈尔滨市南岗区西大直街 92 号

👕 学校类别：理工类大学

🏅 办学层次："211 工程"大学、"985 工程"大学、"双一流"建设高校

学校文化

哈尔滨工业大学校徽

哈尔滨工业大学校徽是由"展开的书、英文字母、数字、美丽的建筑和环绕的齿轮"组成。

展开的书：形如鸟的双翼，寓意哈工大人永远飞翔在知识的世界，不懈地探求真理。

英文字母 HIT：哈工大英文全称"Harbin Institute of Technology"的缩写，寓意哈工大国际化、开放式的办学理念。

数字 1920：哈工大的建校时间。

美丽的建筑：造型独特、中心对称、细部收敛的俄式风格的学校主楼图案，寓意哈工大严谨、求实的作风和追求卓越的信念。

环绕的齿轮：象征知识和科技的力量，代表哈工大的理工特色，寓意哈工大不断向社会输送优秀人才。

哈尔滨工业大学校训

　　哈尔滨工业大学的校训是"规格严格，功夫到家"。校训是 20 世纪 50 年代由时任校长李昌等领导同志归纳概括而成。"规格严格"有两层意思：首先要有"规格"，其次要"严格"遵守。"功夫到家"也有两层意思：一是要肯下"功夫"；二是功夫要下到点子上。

部分重点学科

机械工程 A$^+$	控制科学与工程 A$^+$	环境科学与工程 A$^+$
力学 A	材料科学与工程 A	计算机科学与技术 A
土木工程 A	管理科学与工程 A	数学 A$^-$
光学工程 A$^-$	仪器科学与技术 A$^-$	动力工程及工程热物理 A$^-$
电气工程 A$^-$	信息与通信工程 A$^-$	化学工程与技术 A$^-$

济南.

泉水灵韵与儒风雅韵的城市品格

　　济南市位于山东省中西部，因境内有七十二名泉，素有"泉城"之称，其中的趵突泉被誉为"天下第一泉"。济南市是山东省的省会城市，也是环渤海经济区和京沪经济轴上的重要交会点、华东地区重要的交通枢纽之一。济南市是国家历史文化名城和首批中国优秀旅游城市之一。

　　济南的人文精神植根于泉水灵韵与儒风雅韵的历史积淀，以市井烟火中的敦厚淳朴为底色，在守正传统与拥抱时代中凝练出谦和包容、崇文尚实的城市品格。

●济南大明湖

别名
泉城

所属地区
中国华北
山东省

行政区类别
省会城市

机场
济南遥墙国际机场

地理位置
山东省中西部，华北平原中部

济南

火车站
济南站、济南西站、济南东站、大明湖站等

著名景点
趵突泉、大明湖、千佛山、百脉泉、泉城广场、明府城、五龙潭、解放阁、珍珠泉、曲水亭街、灵岩寺、题壁堂、济南野生动物世界、泉乐坊等

济南美食
把子肉、坛子肉、油旋、甜沫、草包包子、九转大肠、泉城豆腐脑、煎饼馃子、老济南炸酱面、黄家烤肉、亮亮拉面、济南烤鸭、野猪肉等

山东大学 | 杰出人才的摇篮

"我们仨都考上同一所大学了。"

"太好了，又可以在一起了。"

"不，我去济南，她去威海，他去青岛。"

当你听到这样的对话，会有什么反应？世界上最遥远的距离，莫过于身处同一所大学，却相隔数百里。这所神奇的大学就是拥有 120 多年历史的山东大学，如今的山大拥有一校三地（济南、威海、青岛）八个校园的办学格局。

山东大学始建于 1901 年，前身是山东大学堂，被誉为中国近代高等教育起源性大学。山东大学主校址坐落于以泉水闻名的济南，是我国具有悠久历史的综合性重点大学。山东大学是中国学科门类最齐全的大学之一，在综合性大学中具有代表性。

学校概况

✏️ 学校简称：山大

📖 建校时间：1901 年

🏠 主校址：山东省济南市历城区山大南路 27 号

🎓 学校类别：综合性大学

🎖️ 办学层次："211 工程"大学、"985 工程"大学、"双一流"建设高校

学校文化

山东大学校徽

　　学校的校徽为群山和海面与象形"山大"二字的融合，加上校名的中英文形式组成。校徽图案上方是毛泽东手书"山东大学"，下方是山东大学英文名称"SHANDONG UNIVERSITY"。校徽图案核心以汉字"山"和"大"为设计基本元素。校徽图案上部的"山"字是中国象形文字"山"的变形，富有中国文化特色。"山"字变形具有上升态势，寓意山东大学不断发展，努力创建世界一流大学。底部是"大"字的变形，像浩瀚大海，寓意学海无涯。"山""海"一体，极易使人联想到"书山有路勤为径，学海无涯苦作舟"，表现山东大学师生勤奋求知、勇攀科学高峰的精神。

山东大学校训

　　山东大学的校训是"学无止境,气有浩然"。"学无止境"中的"学"，不仅仅是指对知识和技能的追求，更包含了对道德情操和精神境界的追求。"气有浩然"即所谓的浩然之气,就是大义大德造就的一身正气。校训以永不满足的执着精神激励着广大师生在学术和人生的历程中勇于登攀，不断追求文化知识、技术能力、人文素养和道德情操的完美境界。

部分重点学科

数学 A⁺	马克思主义理论 A	中国语言文学 A
应用经济学 A⁻	外国语言文学 A⁻	控制科学与工程 A⁻
药学 A⁻	工商管理 A⁻	

山东大学

青岛 ·

山海交融的生态禀赋与中西交融的历史脉络

　　青岛市是我国东部沿海重要的经济中心和港口城市，被誉为"东方瑞士"。青岛拥有得天独厚的自然条件，气候宜人，环境优美，是世界著名的海滨旅游胜地。青岛拥有发达的经济体系，以港口贸易、制造业、服务业等为主导产业。同时，青岛拥有悠久的历史和丰富的文化遗产，是中国的历史文化名城之一。

　　青岛的人文精神植根于山海交融的生态禀赋与中西交融的历史脉络，以港通天下的开放胸怀与市井烟火中的啤酒文化为纽带，淬炼出热情豪爽、务实创新的海洋性格。

青岛

别名
岛城、琴岛、胶澳

所属地区
中国华北山东省

行政区类别
地级市，副省级城市

机场
青岛胶东国际机场

地理位置
山东半岛东南部沿海，黄海北部

火车站
青岛站、青岛北站、青岛西站、莱西站、董家口站等

著名景点
崂山、五四广场、八大关、栈桥、青岛奥帆中心、青岛滨海步行道、太清宫、青岛茶山风景区、小青岛公园、仰口风景游览区、海军博物馆、北九水风景区（九水十八潭）、鲁迅公园、石老人国家旅游度假区、青岛极地海洋世界、小鱼山公园、红岛赶海园、中山公园、红岛休闲渔村、百花苑、世纪公园、湛山寺、方特梦幻王国、薛家岛旅游度假区等

青岛美食
肉末海参、酸辣鱼丸、崂山菇炖鸡、油爆海螺、鸡汤馄饨、烤鱿鱼、辣炒蛤蜊、海菜凉粉、椒盐虾、鲍鱼红烧肉、海胆蒸蛋、鲅鱼水饺、老醋蛰头等

中国海洋大学 | 面朝大海，春暖花开

　　中国海洋大学是一所海洋和水产学科特色显著、学科门类齐全的教育部直属重点综合性大学。学校前身是创办于 1924 年的私立青岛大学。目前，学校设有 1 个学部、20 个学院和 1 个基础教学中心，地球科学、植物学与动物学、工程技术、化学、材料科学、农业科学、生物学与生物化学、环境学与生态学、药理学与毒理学、微生物学、计算机科学、社会科学 12 个学科（领域）名列 ESI 全球科研机构排名前 1%。

学校概况

✏️ 学校简称：海大

📇 建校时间：1924 年

🏫 主校址：山东省青岛市崂山区松岭路 238 号

🎓 学校类别：综合性大学

🎖️ 办学层次："211 工程"大学、"985 工程"大学、"双一流"建设高校

学校文化

中国海洋大学校徽

　　校徽为环状圆形，外部环状部分底色为白色，上部环绕红色的"中国海洋大学"，下部环绕蓝色的"OCEAN UNIVERSITY OF CHINA"；内部圆形上部天蓝色代表天空，下部海蓝色和三条白色波浪线代表海洋；"1924"表示学校创立的时间。

中国海洋大学校训

　　中国海洋大学的校训是"海纳百川，取则行远"。

　　"海纳百川"意指：海之大，能容纳一切河流之水。喻指海大培育之人应虚怀若谷，有大海般的胸襟。"取则行远"意指：海大人既能够遵循科学精神，又能够眼界高远、目标远大，脚踏实地、身体力行地朝着既定的目标奋进，体现了海大人志存高远、积极探索、勇攀高峰的精神和追求。

部分重点学科

海洋科学 A$^+$　　　　　水产 A$^+$　　　　　生物学 B$^+$

环境科学与工程 B$^+$　　食品科学与工程 B$^+$　　药学 B$^+$

学校轶事

海大科考船

　　作为海大的学子，有很多机会可以与大海"亲密接触"。海大拥有教学和科学考察实习船舶 3 艘，分别为 289 吨级科考交通补给船"天使 1"号、3235 吨级综合性海洋科考船"东方红 2"号、5536 吨级新型深远海综合科学考察实习船"东方红 3"号。

校园风光

鱼山校区

海大鱼山校区是海大的老校区，校园内树木参天，建筑优美，可以眺望远处沙滩，被评为中国最美校园之一。

网红墙

在大学路和鱼山路的拐角处，有一面"网红墙"，常常吸引大批游客排队打卡拍照。

南京

秦淮河畔的六朝书卷

　　南京市是中国历史文化名城，有"六朝古都"之称，这里不仅有深厚的文化底蕴，还是现代化大都市。南京的中山陵、明孝陵等历史古迹见证了中国历史的变迁，而南京长江大桥等现代化建筑展现了城市的繁荣和发展。此外，南京云锦、南京盐水鸭等地方特色产品，也让人们对南京的工艺、美食留下深刻印象。这座城市拥有独特的魅力，吸引了众多游客前来探寻其丰富的历史文化和现代都市风貌。

　　南京的人文精神是"历史沧桑与现代文明交融，坚韧不屈、包容并蓄的文化品格"，既承载六朝古都的厚重底蕴，又彰显创新进取的时代活力。

南京秦淮河

别名
金陵、建康、江宁、石头城、天京、应天等

所属地区
中国华东江苏省

行政区类别
国家区域中心城市，副省级城市

机场
南京禄口国际机场

地理位置
江苏省西南部，长江下游

南京

火车站
南京站、南京南站、江宁站、溧水站、仙林站等

著名景点
中山陵、明孝陵、明城墙、玄武湖、夫子庙、台城、鸡鸣寺、南京白马石刻公园、灵谷寺、明文化村、静海寺、天妃宫、龙江宝船厂、南京郑和宝船遗址公园等

南京美食
南京盐水鸭、金陵糕团、鸭血粉丝汤、小笼包、鸡汁汤包、南京大排档、南京烤鸭、南京皮肚面、牛肉锅贴、古法糖芋苗、鸭油酥烧饼、蜜汁藕、鸡油饭、糖醋排骨等

南京大学 | 天文学界的"黄埔军校"

南京大学是一所历史悠久、声誉卓著的百年名校，坐落于钟灵毓秀、虎踞龙盘的古都南京。南京大学前身是创建于1902年的三江师范学堂，于1950年更名为南京大学。南京大学目前拥有仙林、鼓楼、浦口、苏州4个校区，还拥有一支高素质的师资队伍，其中包括中国科学院院士31人、中国工程院院士3人、国家级领军人才近400人次等。

学校概况

✏️ 学校简称：南大

🎞️ 建校时间：1902 年

🏠 主校址：江苏省南京市栖霞区仙林大道 163 号

🏢 学校类别：综合性大学

🎖️ 办学层次："211 工程"大学、"985 工程"大学、"双一流"建设高校

学校文化

南京大学校徽

南京大学校徽由南京大学中英文校名、学校成立时间、金陵辟邪、南京市市树雪松、书本等图案组合而成，造型为特定标志色"南大紫"的盾形图案。

校徽外部轮廓类似于 U 字形+"人"。其中，字母 U 是大学的首写字母，最上方则是由"一"字变形而成的"人"字，寓意是一切为了人，为了立德树人。

校徽正中央为南京的市树——雪松，寓意南大坚忍不拔的精神。雪松的下方的"1902"字样，代表南京大学的建校时间为 1902 年。校徽上方为一对辟邪，在辟邪中央，是由变形的"南京大学"四个中文字组成的圆形。圆形的设计智慧体现了中国传统文化的韵味，充满美感。

南京大学校训

南京大学的校训是"诚朴雄伟，励学敦行"。"诚朴雄伟"原是中央大学时期的校训，"励学敦行"是从中国古代先贤名句中选取而来。

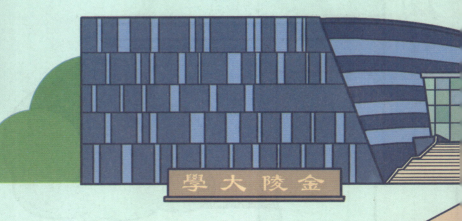

部分重点学科

天文学 A⁺   地质学 A⁺   图书情报与档案管理 A⁺

哲学 A   社会学 A   中国语言文学 A

外国语言文学 A   中国史 A   物理学 A

校园风光

南京大学北大楼

北大楼建于1919年，由美国人赛弗伦斯先生及其子捐资而建。北大楼地上两层，地下一层，建筑面积3473平方米，砖木结构，以我国传统建筑形式为主要元素，同时融合西方建筑布局。刚刚落成时的北大楼是当时南京城内规模最大的建筑之一。

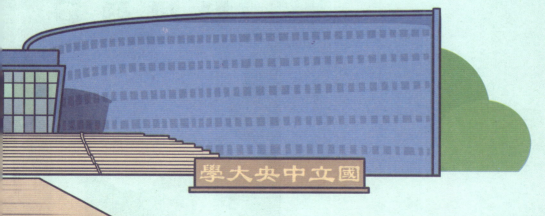

东南大学 | 深藏不露的建筑名校

她曾跟北京大学并称，留有"北大以文史哲著称，东大以科学名世"的美名；她被很多人误认为学校在福建，而且被认为是个很不起眼的学校；她是名副其实的"影视基地"，《致我们终将逝去的青春》《人民的名义》《建国大业》等影视剧都曾在校园里取过景；昔日，她位列"建筑老八校"之一，今日，则与清华大学、同济大学、天津大学并称中国四大建筑名校；建校 120 多年来，她几经风雨、数次离合……她就是历史悠久、底蕴深厚的东南大学。

东南大学始创于 1902 年，是一所以工科为主要特色的综合性研究型大学。截至 2025 年 3 月，学校有 38 个院系、85 个本科专业，涵盖哲学、经济学、法学、教育学、文学、理学、工学、医学、管理学、艺术学、历史学等多个学科，是享誉海内外的著名高等学府。学校设有四牌楼、九龙湖、丁家桥等校区，还设有无锡校区、苏州校区。

学校概况

✏️ 学校简称：东大

📖 建校时间：1902 年

🏠 主校址：江苏省南京市玄武区四牌楼 2 号

🎓 学校类别：综合性大学

🎖️ 办学层次："211 工程"大学、"985 工程"大学、"双一流"建设高校

学校文化

东南大学校徽

　　东南大学校徽整体图案呈圆形，由两个同心圆组成，中间是绿底倒三角形，黄色为学校标志性建筑——大礼堂。校徽内环上方为"东南大学"校名，下方左侧"1902"代表学校建校时间；下方右侧"南京"代表学校的办学地点。校徽外环上半部分是东南大学的英文名称，下半部分为校训"止于至善"。

东南大学校训

东南大学的校训是"止于至善"。此校训既可以表达继承民族文化优良传统和学校优良传统的决心，又蕴含着在教学、科研、管理和社会服务中追求尽善尽美的愿望，可以激励一代代东大人不断进取，永不止步。

止于至善

东南大学招生吉祥物

"叮东"是东南大学的招生吉祥物，是一只超级可爱的松鼠。松鼠，与六朝松相互呼应，又与"松树"谐音，如同松柏四季常青的铮铮傲骨，寓意东南大学人坚韧不拔、勤恳工作、努力学习，为实现家国梦而不断努力奋斗。

部分重点学科

建筑学 A⁺   土木工程 A⁺   交通运输工程 A⁺

生物医学工程 A⁺   艺术学理论 A⁺   电子科学与技术 A

仪器科学与技术 A⁻   信息与通信工程 A⁻   控制科学与工程 A⁻

武汉．

通达天下、勇立潮头的担当气概

　　武汉市是湖北省省会、我国中部地区的中心城市，位于长江中游，拥有得天独厚的地理位置和便捷的交通条件。武汉历史悠久，文化底蕴深厚，拥有丰富的历史文化遗产和美丽的自然景观，如黄鹤楼、东湖等。同时，武汉还是我国重要的科教、文化、金融中心之一，拥有多所知名大学和研究机构。武汉东湖新技术开发区，又称"中国光谷"，在光电信息产业领域具有很大的国际影响力。

　　武汉的人文精神植根于长江汉水交汇的江湖气魄与九省通衢的商贸底蕴，在市井烟火的热辣鲜活与敢闯敢试的变革精神中，淬炼出豪爽坚韧、兼容创新的城市品格，彰显通达天下、勇立潮头的担当气概。

武汉中北路

别名
江城、大武汉、九省通衢、东方芝加哥

所属地区
中国华中湖北省

行政区类别
副省级市

机场
武汉天河国际机场

武汉

火车站
武汉站、武昌站、汉口站、武汉东站等

地理位置
湖北省东部，江汉平原东部，长江、汉江交汇处

著名景点
黄鹤楼、木兰天池、武汉长江大桥、汉口租界、武汉欢乐谷、东湖风景区、归元寺、云雾山景区、清凉寨、明楚王墓等

武汉美食
热干面、鸭脖、面窝、排骨藕汤、武昌鱼、油焖大虾、沔阳三蒸、糊汤粉、包烧卖、豆丝等

武汉大学 | 樱花盛开的中国最美大学

　　武汉大学溯源于 1893 年张之洞奏请清政府创办的"自强学堂"。武汉大学环绕东湖水，坐拥珞珈山，校园环境优美，风景如画，被誉为"中国最美丽的大学"。武汉大学的樱花是校园中最为美丽的一景！每年樱花盛开时节，樱园酷似花的海洋，成千上万名游客慕名而至，流连观赏，如醉如痴，大有"三月赏樱，唯有武大"的意趣。

　　武汉大学学科门类齐全，综合性强，特色明显，涵盖哲学、经济学、法学、教育学、文学、历史学、理学、工学、农学、医学、管理学、艺术学、交叉学科等 13 个学科门类。学校现有人文科学、社会科学、理学、工学、信息科学和医学 6 大学部、34 个学院以及 3 所三级甲等附属医院。

学校概况

- ✏️ 学校简称：武大
- 📅 建校时间：1893 年
- 🏠 主校址：湖北省武汉市武昌区八一路 299 号
- 🏫 学校类别：综合性大学
- 🏅 办学层次："211 工程"大学、"985 工程"大学、"双一流"建设高校

学校文化

武汉大学校徽

武汉大学校徽为正圆形，内圈正中为老图书馆线条造型，表达学校独有的地标特征和文化标志，数字"1893"为武汉大学前身自强学堂创办时间；内外圈之间的上方为武汉大学英文名称，下方为中文汉字毛体校名。

武汉大学校训

武汉大学的校训是"自强、弘毅、求是、拓新"。"自强"语出《周易》"天行健，君子以自强不息"，意为自尊自重，不断自力图强，奋发向上；"弘毅"出自《论语》"士不可以不弘毅，任重而道远"，意为抱负远大、坚强刚毅；"求是"语出《汉书》"修学好古，实事求是"，即为博学求知，努力探索规律，追求真理；"拓新"意为开拓、创新，不断进取。

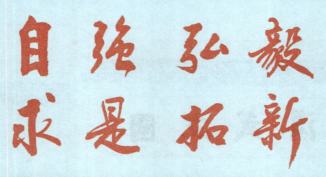

部分重点学科

马克思主义理论 A⁺	地球物理学 A⁺	测绘科学与技术 A⁺
图书情报与档案管理 A⁺	法学 A	生物学 A
软件工程 A	公共管理 A	理论经济学 A⁻

学校轶事

　　武汉大学文化底蕴深厚，人文气息浓郁，学校里有数以百计的社团，不论是舞蹈、戏剧、音乐，还是轮滑、武术、跆拳道……在这里，你总能找到志同道合的朋友。

华中科技大学 ｜一校独占五个地铁站的"森林式大学"

华中科技大学由原华中理工大学、同济医科大学、武汉城市建设学院于 2000 年合并成立。华中科技大学校园内树木葱茏，碧草如茵，景色秀丽，校园内绿植覆盖率极高，被誉为"森林式大学"。

华中科技大学是教育部直属的综合性、研究型大学。学校学科齐全、结构合理，截至 2023 年 12 月，设有 117 个本科专业，涵盖哲学、经济学、法学、教育学、文学、理学、工学、医学、管理学等学科门类，拥有主校区、东校区、同济医学院校区 3 个校区。

学校概况

✎ 学校简称：华中大，华科大

🗓 建校时间：1952 年

🏠 主校址：湖北省武汉市洪山区珞喻路 1037 号

🏛 学校类别：综合性大学

🎖 办学层次："211 工程"大学、"985 工程"大学、"双一流"建设高校

华中科技大学

HUAZHONG UNIVERSITY OF SCIENCE & TECHNOLOGY

学校文化

华中科技大学校徽

华中科技大学校徽由蓝色、红色和灰色组成。蓝色是校徽的主色调，代表素雅和纯洁，寓意着天和海一般广阔的文化包容精神，兼听各种文化的声音，思想具有自由性；红色是热火般的颜色，积极热情，寓意对学习的热情，积极开拓进取，不断追求创新。

华中科技大学校训

华中科技大学的校训是"明德、厚学、求是、创新"。

"明德"语出《大学》"大学之道，在明明德"，意为彰明伦理；"厚学"转义出自《易》"坤厚载物"，倡导崇尚知识；"求是"语出《汉书》"实事求是"，强调追求真理；"创新"转义出自《大学》"苟日新，日日新，又日新"，注重与时俱进。

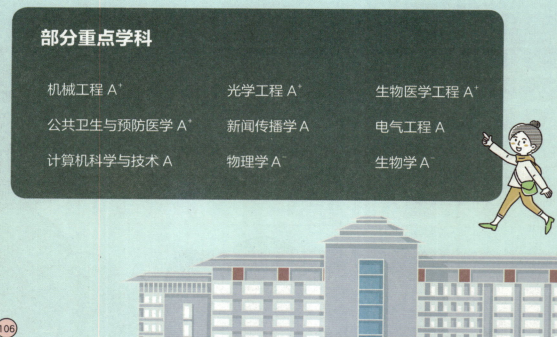

部分重点学科

机械工程 A$^+$	光学工程 A$^+$	生物医学工程 A$^+$
公共卫生与预防医学 A$^+$	新闻传播学 A	电气工程 A
计算机科学与技术 A	物理学 A$^-$	生物学 A$^-$

学校轶事

一校享有 5 个地铁站

"珞雄路站到了，请到华中科技大学紫菘小区西十二楼的乘客在此下车；华中科技大学站到了，请到华中科技大学的乘客在此下车；光谷大道站到了，请到华中科技大学东九楼的乘客在此下车；佳园路站到了，请到华中科技大学韵苑学生公寓的乘客在此下车……青年路站到了，请到华中科技大学同济医学院的乘客在本站下车。"华中科技大学享有 5 个地铁站，华中科技大学的学生非常自豪："我科有多大，5 站地铁站装不下。"

校园风光

校史馆

校史馆由机械厂旧厂房改造而成，地处华中科技大学校园中轴线上，主展厅上的钢构象征着"跨越"，寓意学校从过去到现在，并希望能引领未来的跨越式发展。

纪念碑

纪念碑位于华中科技大学青年园旁，纪念碑的四足鼎立代表了建校时的 4 所学校。

梧桐语问学中心

梧桐语问学中心坐落于喻家山脚下，分为学术研讨区、会议交流区、来访接待区、文化互动区 4 大区域，建筑命名如明仁、明义、明礼、明智、明信，九思、神思、慎思、思远等均引经据典、寓意深刻，是一个集会议接待、师生学术交流、学术研讨、校园文化展示于一体的学术交流中心，为学校师生提供了舒适的学术探讨空间。

长沙 ·
经世致用、心忧天下的家国情怀

　　长沙市，湖南省省会，是一座历史悠久、文化底蕴深厚的城市。位于湘江下游，是长江中游地区的重要城市之一。长沙拥有丰富的自然和人文景观，如岳麓山、橘子洲头、天心阁等。同时，长沙还是中国重要的机械制造业、文化产业和科技创新基地之一，也是国家重要的交通枢纽。

　　长沙的人文精神植根于楚汉文脉与近代变革的历史激荡，以山水洲城的自然禀赋为基底，在市井烟火中的火辣鲜活与敢为人先的革新胆识交织中，淬炼出经世致用、心忧天下的家国情怀，凝成刚毅与灵秀并存的城市品格。

湖南省长沙市橘子洲头

别名
星城、潭州、
楚汉名城

所属地区
中国华中
湖南省

行政区类别
地级市

机场
长沙黄花国际机场

地理位置
湖南省东部偏北，湘江下游

长沙

火车站
长沙站、长沙南
站、长沙西站等

著名景点
岳麓山、橘子洲、开福寺、刘少奇
故居、世界之窗、马王堆汉墓、天
心阁、禹王碑、船山学社等

长沙美食
毛氏红烧肉、麻辣烫、臭豆腐、火宫
殿牛肉面、油炸臭鳜鱼、桂花糯米团、
糖油粑粑等

湖南大学 | 一所没有院墙、最具诗情画意的大学

　　湖南大学坐落于中国历史文化名城长沙，前临碧波荡漾的湘江，后倚秀如琢玉的岳麓山，素有"千年学府、百年名校"之称。学校办学起源于公元 976 年创办的岳麓书院。典雅厚重的古建筑群与时尚新锐的新建筑体交相辉映，自然风光与人文景观深度融合，这所"住"在景区里的大学被誉为"中国最具诗情画意的高校"。

　　截至 2025 年 1 月，学校设有 31 个学院，拥有 87 个本科专业。学科专业涵盖哲学、经济学、法学、教育学、文学、历史学、理学、工学、管理学、医学、艺术学、交叉学科等 12 大门类，形成了理科基础坚实、工科实力雄厚、人文社会学科独具特色、生命医学学科兴起、新型交叉学科活跃的学科布局。

学校概况

- ✏️ 学校简称：湖大
- 📅 建校时间：1926 年
- 🏠 主校址：湖南省长沙市岳麓区麓山南路麓山门
- 👕 学校类别：综合性大学
- 🏅 办学层次："211 工程"大学、"985 工程"大学、"双一流"建设高校

学校文化

湖南大学校徽

湖南大学校徽以岳麓书院的正门为中心，以岳麓山为背景，象征湖南大学是"千年学府、百年名校"。两旁的 14 瓣枫叶，象征着 1986 年全校设立的 14 个系。中心圆上方是毛泽东同志题写的校名，下方是学校英文名。校徽正下方的飘带上两组数字"976"和"1926"分别为岳麓书院创建时间和湖南大学定名的时间。

湖南大学校训

　　湖南大学的校训是"实事求是、敢为人先"。"实事求是"指立足现实，夯实基础，追求真理，脚踏实地。"敢为人先"指着眼于未来和长远，敢于竞争、敢于创新，走特色发展的道路，努力实现学校的跨越式发展。

部分重点学科

化学 A⁻　　　　　机械工程 A⁻　　　　　土木工程 A⁻

工商管理 A⁻　　　设计学 A⁻

学校轶事

　　湖南大学里面有一家网红烧饼店，这家店不仅烧饼做得好吃，关键是做烧饼的人"秀色可餐"——老板不仅长得帅，还上过湖南卫视的《天天向上》节目，他做的烧饼被大家戏称为"帅哥烧饼"。

帅哥烧饼

校园风光

岳麓书院

岳麓书院是湖南大学的前身，坐落于岳麓山脚下，是中国现存规模最大、保存最完好的书院建筑群。书院两边门联为：惟楚有材，于斯为盛。岳麓书院是世界上最古老的学府之一，是中国历史上赫赫有名的"四大书院"之一，是我国理学的发源地之一。

大礼堂

大礼堂始建于1951年，整个建筑个性独特，独具匠心，是当时长沙市具有代表性的建筑。

科学馆

湖南大学科学馆，又称红楼，是如今湖南大学的行政楼。这座建筑还有着特殊的意义：抗战胜利后"长衡地区受降会场旧址"。1945年9月15日，湖南地区受降仪式在这座楼二层的一间教室举行，第四方面军司令王耀武就是在这里接受了日军第二十军司令官坂西一良的投降。

中南大学 | 白衣天使的孵化基地

中南大学是 2000 年由原中南工业大学、湖南医科大学与长沙铁道学院三校合并而成的大学。中南大学是 2000 年才有的名字。原中南工业大学有中国"矿冶黄埔"之称；原长沙铁道学院享有中国土木工程"三驾马车"的美誉；原湖南医科大学前身为湘雅医科大学，是我国创办最早的西医高等学校之一。

截至 2025 年 2 月，中南大学设有 104 个本科专业，有 4 所直属附属医院和 3 所非直属附属医院。学校学科门类齐全，涵盖哲学、经济学、法学、教育学、文学、理学、工学、医学、管理学等学科门类，辐射军事学。

中 南 大 学

学校概况

✏️ 学校简称：中大、南大

📋 建校时间：2000 年

🏠 主校址：湖南省长沙市岳麓区麓山南路 932 号

🏫 学校类别：综合性大学

🏅 办学层次："211 工程"大学、"985 工程"大学、"双一流"建设高校

校园文化

中南大学校徽

中南大学的校徽设计创意来源于中国结造型，为双圆套圆形徽标。校徽以"中南大学"英文缩写字母"CSU"为结构中心，组成中国结造型，正下方有"中南大学"中文字样，正上方为环形英文"CENTRAL SOUTH UNIVERSITY"大写字样，左右下侧方各由 10 条短线连接内外圆。

中南大学校训

中南大学的校训是"知行合一，经世致用"。"知"是认识，即对于万物事理的思惟省察，对人生哲理的领会理解。"行"是实践，即把所明白的道理运用和落实到日常生活中。"知行合一"，就是强调认识与实践的统一。"经世"即改造世界，改善社会民生，治理世间事务；"致用"即学以致用，努力践行，在实践中发挥大学和人才对社会的引领作用。"经世致用"的根本就是强调大学要以天下为己任，求索治世之道，培养济世英才，积极入世，引领文明，报效国家，服务人民。

部分重点学科

冶金工程 A⁺	矿业工程 A⁺	护理学 A⁺
马克思主义理论 A⁻	机械工程 A⁻	材料科学与工程 A⁻
控制科学与工程 A⁻	计算机科学与技术 A⁻	土木工程 A⁻
安全科学与工程 A⁻	临床医学 A⁻	管理科学与工程 A⁻

学校轶事

　　在中南大学，从开学典礼到毕业晚会，从操场到礼堂，在大大小小的活动中，都少不了舞龙舞狮。中南大学从"中国传统体育"课题出发，创造性地将舞龙舞狮由民间表演上升为融娱乐、喜庆、竞技和健身于一体的文化体育活动。学校还专门成立了舞龙舞狮鼓乐协会，设置舞龙舞狮选修课，这门课也成为最受学生欢迎的课程之一。

校园风光

艺术楼

　　极具现代风格的艺术楼，运用仿石喷涂的混凝土和石材塑造的建筑形体扭曲穿插，形如竖琴琴架和钢琴键盘的屋顶相互搀扶搭接，仿佛在演奏一曲灵动的音乐。

图书馆

　　截至2024年底，图书馆馆藏纸质文献总量529万余册（包括图书、期刊和资料等）。

和平楼和民主楼

　　和平楼和民主楼是学校现存最早的校舍，由林徽因和梁思成共同设计而成。整个建筑群既有中国古典建筑的秀丽典雅，又有现代建筑的美观大方。

杭州
西湖涟漪里的创新密码

    杭州市是中国历史文化名城,被誉为"人间天堂",有着丰富的自然和人文景观。西湖是杭州的标志性景点,有着美丽的湖光山色和众多的名胜古迹。杭州还是中国茶文化的发源地之一,龙井茶是杭州的特产之一,深受人们喜爱。同时,杭州的丝绸产业十分发达,有着悠久的丝绸文化。杭州还是中国电子商务的重要中心之一,阿里巴巴的总部就坐落于此。

    杭州的人文精神植根于西湖山水浸润的江南文脉与钱塘潮涌的开拓气魄,在诗意栖居的天堂雅韵与数字经济弄潮的锐意创新中,淬炼出崇文重商、精致与坚韧并蓄的江南品格,凝成守千年风雅、立时代潮头的湖山襟怀。

杭州西湖

别名
临安、钱塘、武林、杭城

所属地区
中国华东浙江省

行政区类别
省会城市，副省级城市，地级市

机场
杭州萧山国际机场

地理位置
浙江省北部，钱塘江下游，京杭大运河南端

火车站
杭州站、杭州东站、杭州南站、杭州西站等

著名景点
西湖、京杭大运河、西溪国家湿地公园、天目山、清凉峰、千岛湖、大奇山、午潮山、富春江、青山湖、瑶琳仙境、桐君山、雷峰塔、岳庙、三潭印月、苏堤、六和塔、宋城、南宋御街、灵隐寺、跨湖桥遗址等

杭州美食
西湖醋鱼、东坡肉、龙井虾仁、叫花鸡、糟溜鱼片、宋嫂鱼羹、西湖莼菜汤、猫耳朵、油爆双脆、糖火烧、葱包桧、糯米藕、桂花糕、老婆饼、麦芽糖、蜜饯果脯、烧饼夹肉、酱鸭等

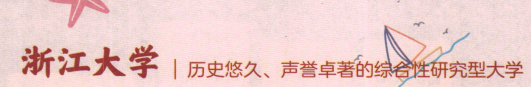

浙江大学 | 历史悠久、声誉卓著的综合性研究型大学

　　浙江大学坐落于中国历史文化名城、风景旅游胜地杭州，是一所历史悠久、声誉卓著的高等学府。浙江大学的前身是 1897 年由杭州知府林启创办的"求是书院"，"求是书院"是中国人最早创办的新式高等学校之一。

　　浙江大学设有哲学、经济学、法学、教育学、文学、历史学、艺术学、理学、工学、农学、医学等学科门类，是一所全国重点综合性大学，曾被英国著名学者李约瑟誉为"东方剑桥"。浙江大学共有玉泉、西溪、华家池、紫金港、之江、舟山、海宁 7 大校区，每个校区都有自己的特色建筑，校园景色宜人，被评为"中国十大最美大学"之一。

学校概况

✏️ 学校简称：浙大

📅 建校时间：1897 年

🏠 主校址：浙江省杭州市西湖区余杭塘路 866 号

🎓 学校类别：综合性大学

🏅 办学层次："211 工程"大学、"985 工程"大学、"双一流"建设高校

学校文化

浙江大学校徽

　　校徽分为内、外两圈，两圈之间为中文和英文的"浙江大学"，内圈下方的数字"1897"表示浙江大学的创建年份，校徽中央展翅飞翔的"求是鹰"代表浙江大学的求是创新精神。

浙江大学校训

　　浙江大学的校训是"求是创新"。"求是创新"的渊源可以追溯至浙大的前身——求是书院。求是书院自创建之日起，就提倡"务求实学，存是去非"，并在师生中逐渐形成了"正其谊不谋其利，明其道不计其功"和"以尽一己职责"的"求是"校风。

部分重点学科

生态学 A+	光学工程 A+	控制科学与工程 A+
计算机科学与技术 A+	农业工程 A+	软件工程 A+

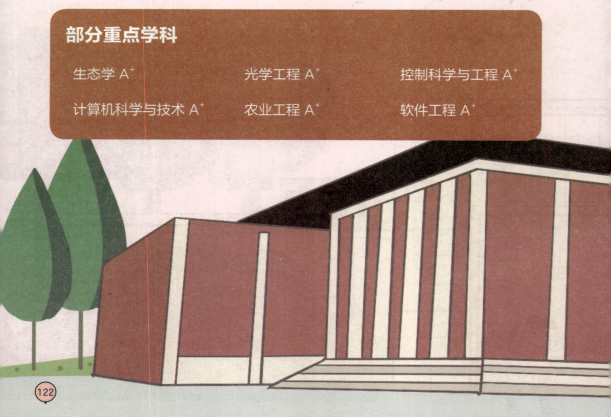

知名校友

竺可桢　浙江大学前校长，中国近代地理学和气象学奠基人

李政道　著名物理学家，1957 年获得诺贝尔物理学奖，第一位
　　　　获此殊荣的华人科学家

程开甲　著名理论物理学家、"两弹一星"功勋奖章获得者

梁文锋　DeepSeek 创始人

黄　峥　拼多多创始人

厦门.

鹭岛海风中的嘉庚精神

　　厦门市，位于中国东南沿海，别称鹭岛，素有"海上花园"之称，被誉为中国最美的城市之一。它拥有丰富的历史文化遗产、现代化的城市风貌、便捷的交通网络和良好的生态环境。此外，厦门还是中国重要的经济特区之一，拥有发达的港口经济和外向型经济。厦门还拥有深厚的历史文化底蕴和丰富的文化遗产，是中华文化的重要传承地之一。

　　厦门的人文精神植根于闽南侨乡的海洋文明与鼓浪琴岛的开放基因，在华侨拼搏的开拓精神与经济特区的创新浪潮中，熔铸出包容并蓄、敢为人先的鹭岛气韵，凝成通江达海、爱拼会赢的闽南风骨。

厦门双子塔

别名
鹭岛、新城、嘉禾里、嘉禾屿、中左所

所属地区
中国华南福建省

行政区类别
副省级市，经济特区，计划单列市

机场
厦门高崎国际机场

地理位置
福建省东南沿海，台湾海峡西岸

厦门

火车站
厦门站、厦门北站

著名景点
鼓浪屿、万石植物园、胡里山炮台、南普陀寺、环岛路、厦门同安影视城等

厦门美食
沙茶面、姜母鸭、福建牛肉面、蚵仔面线汤、担仔面、肉燕、萨其马、鸡肉卷饼、蛋黄酥、海蛎煎、糯米粑、南瓜饼、红豆饼、鲞鱼丸、酥糖、炒年糕、豆腐花等

厦门大学 | 一所建在景点里的大学

鹭岛明珠，山海学府，厦门大学是无数中国学子心仪的大学之一。学校本部位于厦门市思明区，一面靠山，一面临海。在厦门大学，不出校门就能看到大海，因而被誉为"中国最美丽的校园"之一。如果询问厦门大学的学生，在厦门大学生活是什么样的体验，答案十有八九是："住在景点里的感觉。"

厦门大学由爱国华侨领袖陈嘉庚先生于1921年创办，是中国近代教育史上第一所华侨创办的大学，也是中国首个在海外建设独立校园的大学，被誉为"南方之强"。学校现有思明、翔安、漳州3个校区和马来西亚分校。

学校概况

✏️ 学校简称：厦大

📅 建校时间：1921 年

🏠 主校址：福建省厦门市思明区思明南路 422 号

🏫 学校类别：综合性大学

🎖️ 办学层次："211 工程"大学、"985 工程"大学、"双一流"建设高校

学校文化

厦门大学校徽

　　厦门大学校徽图案是陈嘉庚先生创办厦门大学时确定的，沿用至今。校徽圆环上方为繁体字"厦门大学"，下方为拉丁语"厦门大学"；盾形上的三颗五角星图案代表中国传统哲学中的"三才"；盾形中心的城及城门图案象征着广纳贤才、开放办学；绶带上的"止于至善"四字为建校初期校训。

厦门大学校训

　　厦门大学的校训是"自强不息，止于至善"。"自强不息"意味着追求永不停止，蕴含着雄健浩然之气，体现了民族自立于世界之林的精神和气概。"止于至善"意在表明厦门大学师生应该始终如一、永无止息地探寻"事理之极致"，抵达科学真理和人格精神的最高境界，在启智与道德上达到完美至善，体现了中国文化的人格理想，蕴含着生命对于至善至美理想的追求与践行。

部分重点学科

海洋科学 A⁺	应用经济学 A	化学 A
统计学 A	工商管理 A	法学 A⁻
生物学 A⁻	理论经济学 B⁺	政治学 B⁺
教育学 B⁺	外国语言文学 B⁺	新闻传播学 B⁺

校园风光

芙蓉湖

芙蓉湖位于厦门大学本部校区的中央，是整个校园规划的点睛之笔。厦门大学衔山含湖，树茂草密，楼宇隐于绿叶之间。芙蓉者，出淤泥而不染，芙蓉湖，乃厦门大学灵秀之源。

广州 •

务实敢闯、包容通变，饮得头啖汤、守得云吞香

　　广州市，南方大都市，具有浓厚的历史文化底蕴和现代化发展活力。作为中国南方的重要经济中心，广州拥有发达的制造业、服务业和金融业，同时是华南地区的交通枢纽。广州的美食文化以粤菜为代表，享誉全球，常言道"食在广州"。广州还是中国的贸易中心之一，广交会是中国规模最大的商品交易会。

　　广州的人文精神植根于岭南水乡的千年商脉与海上丝路的开放胸襟，在十三行鼎盛的商贸传奇与改革开放的弄潮胆魄中，淬炼出务实敢闯、包容通变的老广气度，凝成饮得头啖汤、守得云吞香的市井豪情与天下襟怀。

• 广州市

别名
五羊城、羊城、穗城、花城

所属地区
中国华南广东省

行政区类别
国家中心城市，副省级城市，省会

机场
广州白云国际机场

地理位置
广东省中南部，珠江三角洲北缘

广州

火车站
广州站、广州东站、广州北站，广州西站、广州南站

著名景点
沙面岛、广州塔、中山纪念堂、五羊石像、黄埔军校旧址、长隆旅游度假区、白云山风景名胜区、广州艺术博物院、广州花卉博览园、花都香草世界、王子山森林公园、华南植物园、从化温泉、宝墨园、广东美术馆等

广州美食
虾饺、广州烧鹅、煲仔饭、艇仔粥、双皮奶、白切鸡、粤式肠粉、猪肚煲鸡、萝卜牛杂、炒河粉等

中山大学 | 中国"逸仙魔法学院"

    中山大学是由孙中山先生创办的，至今已有一百多年的历史，是一所包括文学、历史学、哲学、法学、经济学等学科在内的国内一流、国际知名的现代综合性大学。截至 2025 年 2 月，中山大学拥有广州、珠海、深圳 3 个校区，5 个校园及 10 家直属附属医院。

学校概况

✏️ 学校简称：中大

📋 建校时间：1924 年

🏫 主校址：广东省广州市海珠区新港西路 135 号

🎓 学校类别：综合性大学

🎗️ 办学层次："211 工程"大学、"985 工程"大学、"双一流"建设高校

学校文化

中山大学校徽

  中山大学校徽为圆形图案，校徽上部自左而右环绕中文校名，下部自左而右环绕英文校名，中间为海棠式洞窗图案。洞窗图案以国立广东大学的标志性建筑"大钟楼"为设计主体，运用中国园林的意境与现代的设计手法，借用园林中的海棠式洞窗与大钟楼

外观组合成"中山"二字，洞窗内两边的树由大到小形成一个深远的空间，增强了层次感和立体感，中间的弧形巧妙地形成一朵红棉花，寓意中山大学位于岭南地区。由建校年份"1924"形成的一条纵深大道，体现了中山大学深厚的学术积淀和辉煌的历史进程。校徽为标准绿色，代表生命、发展、永恒，象征着中山大学充满活泼、盎然的生机。

中山大学校训

  中山大学校训"博学、审问、慎思、明辨、笃行"是中山大学的前身——国立广东大学 1924 年建校时，孙中山先生题写的。十字训词出自儒家经书《礼记·中庸》。

中山大学校庆吉祥物

中山大学的校庆吉祥物是5只守护兽小石狮，分别对应着中山大学的校训：博学、审问、慎思、明辨、笃行。

博学狮
身着学位服，透出对学问的敬重与追求。

审问狮
灵动活泼作前扑状，回首四望，充满孩童般的好奇。

慎思狮
似在假寐静思，伏地不动。

明辨狮
正襟危坐，伸出右手食指，像在怀疑指正。

笃行狮
从蹲姿变为站立，充满蓄势待发之感。

部分重点学科

生态学 A⁺　　　　工商管理 A⁺　　　　马克思主义理论 A

公共管理 A　　　　哲学 A⁻　　　　中国语言文学 A⁻

校园风光

怀士堂

怀士堂又称"小礼堂"。怀士堂位于中山大学南校区康乐园，最初是由美国安布史怀士出资为岭南学校修建的基督教青年会馆，1916年建成。怀士堂不仅仅是一幢普通的建筑，更是中山大学人文精神所在。

成都

蜀道天险上的云端之路

　　成都市，中国西南地区的重要城市，被誉为"天府之国"。成都是四川省的省会，拥有丰富的历史文化遗产和美丽的自然风光。成都以其悠闲的生活方式和独特的文化氛围吸引了众多游客。成都是中国西南部地区的重要经济中心，以制造业、服务业和农业为主导产业。同时，成都是中国西南部地区的教育、科技和文化中心，拥有众多高校和科研机构。

　　成都的人文精神植根于天府之国的农耕智趣与古蜀文明的悠远血脉，在都江堰润泽千年的治水匠心与锦官城的市井烟火中，淬炼出乐天知命又敢为人先的豁达气韵，凝成快耍慢活、守正出新的巴蜀性情，既容得下竹椅盖碗茶的安逸闲适，也托得起雪山下的科创雄心。

别名
蓉城、芙蓉城、锦官城、天府之国

所属地区
中国西南四川省

行政区类别
国家区域中心城市，副省级市，省会

机场
成都双流国际机场，天府国际机场

成都

地理位置
岷江中游，成都平原腹地

火车站
成都站、成都东站、成都南站等

著名景点
都江堰、青城山、武侯祠、杜甫草堂、金沙遗址、永陵、望江楼、文殊院、明蜀王陵、昭觉寺、天府广场等

成都美食
麻辣火锅、麻婆豆腐、川菜、龙抄手、担担面、钟水饺、钵钵鸡、赖汤圆、三大炮、串串香、甜水面、蛋烘糕、糖油馍子等

四川大学 | 钟灵巴山、秀美蜀地的百年名校

  四川大学是由原四川大学、原成都科技大学、原华西医科大学 3 所全国重点大学合并而成。原四川大学起始于 1896 年创办的四川中西学堂。历经百年沧桑的四川大学历史文化底蕴厚重，是我国西南地区最早的近代高等学校。四川大学学科门类齐全，涵盖了文学、理学、工学、医学、经济学、管理学、法学、历史学、哲学、农学等学科门类，由 37 个学科型学院（系）及海外教育学院等组成，拥有望江、华西和江安 3 个校区。

学校概况

✏ 学校简称：川大

📅 建校时间：1896 年

🏠 主校址：四川省成都市武侯区一环路南一段 24 号

🏫 学校类别：综合性大学

🏅 办学层次："211 工程"大学、"985 工程"大学、"双一流"建设高校

学校文化

四川大学校徽

　　四川大学校徽是双圆套圆形徽标，双圆之间上方是邓小平同志题写的"四川大学"，内圆正中是"凤钟楼"的图像标志，"1896"代表学校创建年份。凤钟楼图案由古建筑意象与凤凰涅槃图腾创意而来，钟的两侧是一对相向高歌的凤凰，双凤之间形成"川 U"两字，意指"川大"。

四川大学校训

　　四川大学校训是"海纳百川，有容乃大"。"海纳百川，有容乃大"既体现了四川大学发展历史与现实的统一，又体现了继承和创新、科学与民主精神的统一。"海纳百川，有容乃大"不仅蕴含着多种精神之内涵，并且巧妙地暗嵌了"川大"二字。

部分重点学科

口腔医学 A$^+$	中国语言文学 A	马克思主义理论 A$^-$
数学 A$^-$	化学 A$^-$	生物学 A$^-$
材料科学与工程 A$^-$	化学工程与技术 A$^-$	生物医学工程 A$^-$
软件工程 A$^-$	临床医学 A$^-$	药学 A$^-$
管理科学与工程 A$^-$	护理学 A$^-$	工商管理 A$^-$

学校轶事

"江姐"的原型江竹筠曾在四川大学就读。江竹筠勤奋学习、追求新知，不仅学习成绩十分优秀，而且在日常生活中，她就像知心姐姐一样关心和体贴同学，潜移默化地影响着身边的同学。江竹筠为新中国的成立献出了年轻的生命，是中国共产党的杰出代表。如今，江姐的故事继续在四川大学书写，学校在江竹筠曾经学习过的生命科学学院设立了"江姐班"，引导广大青年学子继承和弘扬江竹筠烈士坚守信仰、忠于理想、心怀天下、舍生取义的精神。

四川大学江安校区校内景点的取名很随意：有座山，因为不高，所以叫"不高山"；有座桥，因为很长，所以叫"长桥"。

校园风光

水上报告厅

水上报告厅在明远湖上，几根柱子将建筑物举起，充满了现代化气息。

明德楼

明德楼的名字取自"大学之道，在明明德"。它是四川大学校园里最具有中西合璧特色的标志性建筑之一，具有浓烈的传统复兴式建筑色彩，是学校的行政办公楼。

西安 · 敢破敢立、古今交响的盛世回响

西安市，古称长安，是中国历史文化名城之一，拥有悠久的历史和灿烂的文化。作为中国文化的发祥地之一，西安承载着中华民族的辉煌历史。这里曾是唐朝等朝代的古都，留下了许多珍贵的文物和古迹。西安的美食文化也颇具特色，被誉为"美食之都"，有名的特色小吃有肉夹馍、羊肉泡馍等。

西安的人文精神植根于周秦汉唐的定鼎雄风与丝绸之路的开放襟怀，在十三朝古都的王朝气度与硬科技之城的创新浪潮中，熔铸出雄浑厚重又包容纳新的秦风汉骨，凝成赳赳老秦敢破敢立、古今交响的盛世回响。

● 西安钟楼鼓楼

别名
长安、镐京、大兴、西京

所属地区
中国西北陕西省

行政区类别
副省级市，省会

机场
西安咸阳国际机场、西安航天基地机场

火车站
西安站、西安北站、西安南站等

西安

地理位置
陕西省关中平原中部，黄河中游、北临渭河、南依秦岭

著名景点
秦始皇陵兵马俑、钟楼、鼓楼、大雁塔、小雁塔、秦岭、大明宫、古城墙、兴教寺塔、未央宫等

西安美食
遾遾面、柿子饼、牛羊肉泡馍、臊子面、肉夹馍、凉皮、酸汤饺子、大荔带把肘子、粉汤羊血、澄城樱桃肉、凉拌饸饹、胡辣汤等

西安大雁塔

西安交通大学 | 我在"盛唐"读理工

西安交通大学和上海交通大学同根同源，后因国家需要，上海交通大学部分学科西迁，于是有了现在的西安交通大学。

西安交通大学是我国最早兴办、享誉海内外的著名高等学府，是教育部直属重点大学。学校具有鲜明的理工特色，是一所涵盖理学、工学、医学、经济学、管理学、文学、法学、哲学、艺术学、教育学等学科门类的综合性研究型大学。学校设有 34 个学院（部、中心）、9 个本科书院和 3 所直属附属医院，拥有兴庆、雁塔、曲江、中国西部科技创新港 4 个校区。

学校概况

- ✏️ 学校简称：西安交大
- 📋 建校时间：1896 年
- 🏠 主校址：陕西省西安市碑林区咸宁西路 28 号
- 🎓 学校类别：综合性大学
- 🏅 办学层次："211 工程"大学、"985 工程"大学、
  "双一流"建设高校

(145)

学校文化

西安交通大学校徽

1926 年版
南洋大学校徽

1934 年版
国立交通大学校徽

1940 年版
国立交通大学校徽

西安交通大学
现行校徽

校徽中心为铁砧、铁锤，砧上置中西书籍若干册，表示工程教育工读并用之意；砧座上有数字"1896"，表示学校创办的年份。砧外为齿轮，共 24 齿，寓意一年二十四节气、一日 24 小时，象征继往开来、与日俱进；外框像车轮，皆寓工程与交通之意。

西安交通大学校训

西安交通大学的校训是"精勤求学，敦笃励志，果毅力行，忠恕任事"。"精勤求学"指专心勤勉地探求学问；"敦笃励志"指要敦厚笃实，集中心思致力于某种事业；"果毅力行"指培养学生果断坚毅、言行一致的品德；"忠恕任事"指培养学生具有坦荡的胸怀，尽心为人、仁者爱人的品德，同时要有能挑起重担的勇气。

部分重点学科

动力工程及工程热物理 A⁺　　　电气工程 A⁺　　　数学 A

力学 A　　　机械工程 A　　　工商管理 A

应用经济学 A⁻　　　马克思主义理论 A⁻　　　材料科学与工程 A⁻

电子科学与技术 A⁻　　　控制科学与工程 A⁻　　　计算机科学与技术 A⁻

管理科学与工程 A⁻　　　公共管理 A-

校园风光

主楼群

　　主楼群是西安交通大学的文化精神象征，大部分建筑修建于 1955 年至 1959 年，具有鲜明的时代特征，是"西迁精神"的见证与传承。

西安交通大学　XI'AN JIAO TONG UNIVERSITY

兰州·
黄河穿城过的西北星辰

　　兰州市，中国甘肃省的省会，位于黄河之滨，是丝绸之路上的重要节点。兰州拥有丰富的历史文化遗产，如兰州碑林、白塔等。作为中国西北地区的中心城市，兰州在政治、经济、文化等方面都有着重要的地位。兰州还是中国重要的工业基地之一，以石油化工、有色金属等为主导产业。同时，兰州的交通十分便捷，是连接中国东西部的重要交通枢纽。

　　兰州的人文精神根植于黄河穿城的雄浑气韵与丝路驼铃的千年回响，在羊皮筏子搏浪的倔强筋骨、水车旋出的人间烟火中，淬炼出粗粝质朴又通达四方的西北肝胆，凝成铁桥横波、面香漫巷的江湖豪情，既有沙尘里酿诗的老城韧劲，更怀揽河入怀、通联欧亚的开拓襟怀。

甘肃兰州

别名
金城、黄河之都

所属地区
中国西北甘肃省

行政区类别
地级市

机场
兰州中川国际机场

地理位置
黄河上游，黄土高原西部

兰州

火车站
兰州站、兰州西站、兰州东站等

著名景点
中山桥、五泉山公园、白塔山公园、八盘峡、徐家山森林公园、吐鲁沟、石佛沟、兴隆山公园、五一山、甘肃省博物馆等

兰州美食
酿皮、兰州牛肉面、甜醅子、灰豆子、浆水面、牛奶鸡蛋醪糟、热冬果、炒面片、兰州羊杂碎、杏皮水等

● 兰州城区夜景

兰州大学 | 中国最孤独的"985工程"高校

　　你骑过骆驼吗？你见过"骆驼驾驶证"吗？就像每个内蒙古人都会被问是不是会骑马、摔跤一样，兰州大学的学生通常也会被问道："你们怎么去上学呢？是不是骑着骆驼？"每当此时，兰州大学的学生通常会掏出在学校纪念品商店花几块钱买的"骆驼驾驶证"，一本正经地告诉别人："是的，我们都是骑着骆驼上学，而且还得考'骆驼驾驶证'，可难考了，合格了才能领到自己的骆驼。"这当然是个玩笑，但是如果有这样的大学，你想不想去呢？

　　兰州大学前身是1909年清末新政期间设立的甘肃法政学堂。按照"兴文、厚理、拓工、精农、强医"的学科发展思路，学校现有99个本科专业，涵盖了12个学科门类。其中，化学、大气科学、生态学、草学4个学科入选世界一流学科建设名单。学校拥有城关、榆中两个校区。

学校概况

✎ 学校简称：兰大

📔 建校时间：1909 年

🏠 主校址：甘肃省兰州市城关区天水南路 222 号

🏠 学校类别：综合性大学

🎖 办学层次："211 工程"大学、"985 工程"大学、"双一流"建设高校

学校文化

兰州大学校徽

　　兰州大学校徽主体为兰州大学图书馆正面视图，恰似一只展翅欲飞的鲲鹏。图书馆主体部分宽厚庄重，表示兰州大学悠久的历史、厚重的文化积淀和人才培养、科学研究宽厚的基础；塔楼挺拔峻峭，象征兰州大学不畏艰难、勇攀高峰的雄心壮志和向上、奋进的力量；三个台阶表示兰州大学完整的办学体系；"1909"为兰州大学建校的年份。校徽外圆中上方为汉字"兰州大学"，下方为英文"LANZHOU UNIVERSITY"字样。

兰州大学校训

　　兰州大学的校训是"自强不息、独树一帜"。校训指引莘莘学子要传承学校优良传统，光大兰州大学精神，自强自立，顽强拼搏，敢为人先。

兰州大学校训的由来

　　1957 年，主持筹办国立兰州大学的兰州大学校长辛树帜在出席全国政治协商会议期间，应邀参加了毛泽东主持的最高国务会议。在听了辛树帜对发展全国农业生产和开展古农学研究的汇报后，毛泽东称赞不已，并说他的名字取得好，"辛辛苦苦，独树一帜"。兰州大学校训中的"独树一帜"即出于此。

部分重点学科

草学 A⁺	生态学 A	民族学 B⁺
马克思主义理论 B⁺	数学 B⁺	物理学 B⁺
化学 B⁺	地理学 B⁺	生物学 B⁺
公共管理 B⁺		

学校轶事

1. 在 110 多年的办学历程中，兰州大学创造了化学"一门八院士"、地学"师生三代勇闯地球三极"、中科院"兰大军团"、隆基兰州大学合伙人等享誉国内外的"兰大现象"。

2. 兰州大学只有三个季节：夏季、冬季以及"大约在冬季"。不到西北你永远不知道"早穿棉袄午穿纱"这句话在夏天听起来是多么的美妙。兰州大学的生活非常惬意，学子们可以在大清早吃一碗现做的兰州牛肉拉面，中午去上自己喜欢的选修课，下午去图书馆看书，晚上跟着藏族的小伙伴们学跳锅庄舞。

3. 在祖国西北的群山中，有几座山有重要的地理或历史文化意义，比如昆仑山、天山、贺兰山等，豪放的兰州大学干脆就用这些带有浓郁西北特色的山名来为自己的教学楼命名，兰州大学的实验楼叫贺兰堂，教学楼叫天山堂。此外，还有昆仑堂、祁连堂、观云楼、齐云楼、飞云楼……正是因为处于大西北这样特殊的地理位置，兰州大学才有自己独特的西北风味，体现了兰州大学虽居西北，却胸怀天下的抱负。